पेंगुइन बुक्स

मेरा रैकेट मेरी दुनिया

शिशुराज यादव मूल रूप से बिहार के रहनेवाले हैं और पेशे से पत्रकार हैं। कई मीडिया संस्थानों में काम करने के बाद, अभी स्वतंत्र रूप से समसामयिक विषयों पर डॉक्यूमेंटरी और विज्ञापन फिल्में बनाते हैं। उनके ई-मेल आईडी *shishuraj@gmail.com* पर उनसे संपर्क किया जा सकता है।

मेरा रैकेट मेरी दुनिया

सायना नेहवाल

अनुवाद

शिशुराज यादव

पेंगुइन बुक्स

पेंगुइन बुक्स

पेंगुइन बुक्स द्वारा प्रकाशित
पेंगुइन बुक्स इंडिया प्रा. लि., 11 कम्युनिटी सेंटर, पंचशील पार्क, नई दिल्ली 110 017, भारत
पेंगुइन ग्रुप (यू.एस.ए.) इंक., 375 हडसन स्ट्रीट, न्यूयॉर्क 10014, यू.एस.ए.
पेंगुइन ग्रुप (कनाडा), 90 एलिंगटन एवेन्यू, ईस्ट सूइट, 700 टोरंटो, ओंटारियो एम4पी 2वाय3 कनाडा (ए डिविज़न ऑफ़ पियरसन पेंगुइन कनाडा इंक.)
पेंगुइन बुक्स लि., 80, स्ट्रैंड, लंदन डब्ल्यू.सी.2आर. ओ.आर.एल., इंग्लैंड
पेंगुइन आयरलैंड, 25 सेंट स्टीफ़ेंस ग्रीन, डबलिन 2, आयरलैंड (ए डिविज़न ऑफ़ पेंगुइन बुक्स लिमिटेड)
पेंगुइन ग्रुप (आस्ट्रेलिया), 707 कॉलिंस स्ट्रीट, मेलबर्न, विक्टोरिया 3008, आस्ट्रेलिया (ए डिविज़न ऑफ़ पियरसन आस्ट्रेलिया ग्रुप पीटीवाई लिमिटेड)
पेंगुइन ग्रुप (एन.ज़ेड), 67 अपोलो ड्राइव, रोज़डेल ऑकलैंड 0632, न्यूज़ीलैंड (ए डिविज़न ऑफ़ पियरसन न्यूज़ीलैंड लिमिटेड)
पेंगुइन ग्रुप (साउथ अफ़्रीका) (पीटीवाई) लि., ब्लॉक डी, रोज़बैंक ऑफ़िस पार्क, 181 जन स्मट्स एवेन्यू, पार्कटाउन नॉर्थ, जोहांसबर्ग 2193, साउथ अफ़्रीका

पेंगुइन बुक्स लि., रजिस्टर्ड ऑफ़िस : 80 स्ट्रैंड, लंदन डब्ल्यू.सी2आर. ओ.आर.एल., इंग्लैंड

अंग्रेज़ी का प्रथम संस्करण : पेंगुइन बुक्स इंडिया, 2012
हिंदी का प्रथम संस्करण : पेंगुइन बुक्स इंडिया, 2013

कॉपीराइट © सायना नेहवाल, 2013

सर्वाधिकार सुरक्षित

10 9 8 7 6 5 4 3 2 1

ISBN 9780143420569

टाइपसेट : कम्प्यूटेक सिस्टम, शाहदरा, दिल्ली

मुद्रक : श्रीकृष्णा प्रिंटर्स, नोएडा

ALWAYS LEARNING PEARSON

पापा को उनके त्याग और बलिदान के लिए,
माताजी को मेरे ओलंपियन बननें का अटूट विश्वास होने के लिए
और अबु को, जो मेरी बड़ी बहन भी हैं
और सबसे करीबी दोस्त भी

आभार

मेरे खेल जीवन के बीते वक़्त को मेरे पिताजी ने जिस बारीकी से सहेज रखा उससे मुझे अपने बीते हुए कल को संजोने में काफ़ी मदद मिली। इसके लिए मैं अपने पिताजी का दिल से धन्यवाद करना चाहूंगी। इस किताब को लिखने में मेरी मदद करने के लिए अरविंदा अनंथा रमण को भी धन्यवाद। साथ ही यह किताब पूरी हो होने तक इससे संबंधित हर कामकाज की देखरेख करने वाली मेरी मैनेजर मंजुला को धन्यवाद। हमेशा की तरह डेक्कन परिवार से बहुत सहयोग मिला, ख़ासकर रवि सर और वेंकट सर से, जिसके लिए उन सबको आभार। अंत में प्रकाशक पेंगुइन इंडिया, संपादक सोहिनी मित्रा, अमृता मुखर्जी को धन्यवाद करना चाहूंगी जिनके अथक प्रयास से यह किताब आपके सामने आ पाई है।

सायना नेहवाल

जन्म तिथि	17 मार्च 1990
निवास स्थान	हैदराबाद, आंध्र प्रदेश
परिवार के सदस्य	डॉ. हरविंदर सिंह (पिताजी) उषा नेहवाल (माताजी) अबु चंद्रांशु (बड़ी बहन)
खेल	बैडमिंटन (एकल)
सर्वश्रेष्ठ रैंक	विश्व वरीयता सूची में दूसरा स्थान (2010)
वर्तमान रैंक*	विश्व वरीयता सूची में चौथा स्थान (2012)
खेले गए मैचों की संख्या*	278
जीते गए मैचों की संख्या*	193
कार्यरत	सहायक प्रबंधक, भारत पेट्रोलियम कॉर्पोरेशन लिमिटेड
पुरस्कार और सम्मान	**वर्ष** 2007 में लिमका बुक ऑफ रिकॉर्ड्स ने बैडमिंटन खेल के चार महत्वपूर्ण प्रतियोगिता जीतने के लिए विश्व में सबसे युवा खिलाड़ी का सम्मान दिया। **वर्ष** 2008 में विश्व बैडमिंटन संघ ने ईड्डी चूंग मोस्ट प्रोमिसिंग प्लेयर पुरस्कार से सम्मानित किया। **वर्ष** 2009 में सीएनएन-आईबीएन, एनडीटीवी, एमएसएन और स्पोर्ट्स इलस्ट्रेटेड इंडिया ने स्पोर्ट्स पर्सन ऑफ दि ईयर के पुरस्कार से सम्मानित किया।

* अगस्त 2012 के समय जब यह किताब अंग्रेज़ी भाषा में लिखी जा रही थी। स्रोतः विश्व बैडमिंटन संघ

	वर्ष 2009 में सहारा इंडिया परिवार ने यंगेस्ट एचीवर इन स्पोर्ट्स का पुरस्कार दिया। **वर्ष** 2009 में भारत सरकार ने अर्जुन पुरस्कार से सम्मानित किया। **वर्ष** 2009 में खेल के क्षेत्र में योगदान के लिए लक्ष्य भारती फाउंडेशन पुरस्कार मिला। **वर्ष** 2009 में इंडियन स्कूल ऑफ़ इकोनॉमिक्स की तरफ़ से इंडिया ग्लोरी पुरस्कार मिला। **वर्ष** 2009 में पेट्रोलियम स्पोर्ट्स प्रमोशन बोर्ड पुरस्कार मिला। **वर्ष** 2009 में खेल में योगदान के लिए टीचर्स एचीवमेंट पुरस्कार। **वर्ष** 2010 में द टाइम्स ऑफ़ इंडिया के रीडर्स च्वाइस स्पोर्ट्स पर्सन (पाठकों की पसंदीदा खिलाड़ी) का पुरस्कार दिया गया। **वर्ष** 2010 में आंध्र गौरव पुरस्कार मिला। **वर्ष** 2010 में भारत सरकार ने पद्म श्री से सम्मानित किया। **वर्ष** 2010 में राजीव गांधी खेल रत्न से सम्मानित
सम्माननीय	फिल्मनगर क्लब, हैदराबाद
सदस्यता	केरल क्लब, कालीकट असम क्लब, गुवाहाटी मुंबई क्रिकेट क्लब बंबई जिमखाना
पसंद–	आलू परांठा, पनीर बटर मसाला, मां के हाथों से बनी सिर्फ़ दूध की चाय, थाई फूड, ख़रीदारी करना, पढ़ना, स्केचिंग करना, सुडोकु हल करना, बॉलीवुड की फिल्में देखना, एंग्री बर्ड्स और फ्रूट निंजा गेम, सूमो की कुश्ती, आईपॉड पर टॉम टॉकिंग।

बैडमिंटन खेल का मैदान दर्शकों से खचाखच भरा हुआ था। मुझे यकीन नहीं हो रहा था, ऐसा लग रहा था जैसे क्रिकेट का मैच होने वाला हो।

मैं घरेलू मैदान पर खेल रही थी और दर्शक अतिउत्साहित होकर हौसला बढ़ा रहे थे। मुझे पता था कि उस दिन मेरे खेल को कई प्रसिद्ध लोग दर्शकदीर्घा में बैठकर देख रहे हैं। राहुल गांधी, प्रधानमंत्री मनमोहन सिंह की पत्नी गुरशरण कौर और लोकसभा अध्यक्ष मीरा कुमार भी मौजूद थीं। मेरे माता-पिता भी यहां आए हुए थे और सभी भारतीय एथलीट भी मेरे खेल को देख रहे थे, जो उस समय दिल्ली में ही मौजूद थे। यहां आए दर्शकगण मेरे खेल जीवन के बेहतरीन दर्शकों में से एक थे जिनके लिए मैं खेली होऊंगी। यह राष्ट्रमंडल खेल 2010 था जिसे नई दिल्ली के सिरी फोर्ट स्टेडियम में खेला जाना था।

राष्ट्रमंडल खेलों में यह पहला मौका था जब एक भारतीय खिलाड़ी बैडमिंटन प्रतियोगिता के फाइनल में खेल रही थी। इसलिए मुझ पर बहुत ज़्यादा दबाव था। यह मैच मुझे मलेशिया की बैडमिंटन

खिलाड़ी वोंग म्यू चू से खेलना था। वरीयता सूची में वोंग म्यू चू का 16वां स्थान था और मेरा तीसरा, लेकिन मुझे पता था कि ऐसी स्थिति में वरीयता क्रम का कोई मायने नहीं होता है। जीत दोनों में से किसी की भी हो, हमलोग अपना सर्वश्रेष्ठ प्रदर्शन करेंगे।

मैं उसी वर्ष म्यू चू के ख़िलाफ़ तीन बार खेल चुकी थी और मैंने हर बार उसे हराया था। यहां तक कि राष्ट्रमंडल खेल के दौरान एक खेल के आयोजन में भी मैं उसे हरा चुकी थी। ये सभी आंकड़े मेरे पक्ष में थे लेकिन वह वहां जीतने के लिए आई थी। इतना सब कुछ होने बाद हम राष्ट्रमंडल खेल के फाइनल मैच में पहुंच गई थीं, जहां हर कोई कड़ा मुकाबला करने लिए तैयार होकर आता है। पहला सेट बिल्कुल आराम से ख़त्म हुआ लेकिन मैं 19-21 के अंतर से हार गई। इतना मामूली अंतर! फिर दूसरा सेट शुरू हुआ। यह एक निर्णायक सेट था। जितना हो सकता था मुझे हरेक अंक हासिल करना था। उस समय मेरे ऊपर तनाव स्पष्ट दिखाई दे रहा था। मैं बहुत जल्दी ही अंकों में बढ़त बना कर आगे चलने लगी लेकिन म्यू चू भी तेज़ी से पीछा करती हुई आ रही थी। मैं जब भी एक अंक आगे बढ़ती वह भी एक अंक हासिल कर लेती। इससे पहले कि मैं कुछ समझ पाती, हमलोग 18-18 अंकों के साथ बराबरी पर आ गए। यदि वह इस सेट को जीत लेती तो मैं यह मैच हार जाती। मैं 19-18 पर पहुंची लेकिन वह भी बराबरी पर आ गई। मैंने एक अंक और अर्जित किया तब कुल अंक 20-19 का था। उसने एक बार फिर से ज़ोर लगाया और हमलोग 20-20 अंकों की बराबरी पर आए। बहुत जल्दी ही वह 21-20 से आगे बढ़ गई। म्यू चू के लिए यह अंक विजयी अंक था।

यह मैच मेरे हाथ से निकल रहा था और मैं हद से ज़्यादा तनाव में थी। उस क्षणिक काल में मैं सोचने लगी थी कि कहीं मुझे रजत पदक से ही न संतोष करना पड़े। दर्शक एक सुर में मेरा नाम

लेकर चिल्ला रहे थे। 'इंडिया, इंडिया' और 'गो सायना' की गूंज मेरे कानों तक साफ़-साफ़ पहुंच रही थी। मेरे मन में यह तय हो चुका था कि इस अंक को मैं अपने हाथ से जाने नहीं दूंगी। देखते ही देखते मैंने म्यू चू से 21-21 पर बराबरी कर लिया और अगले कुछ ही मिनटों बाद मैं 22-21 की बढ़त बना कर आगे हो गई। क्या एक बार फिर वह मेरी बराबरी कर लेगी? अपने ब्रेक टाइम में मैं सोचने लगी। इस मैच को आसानी छोड़ने का उसका इरादा नहीं था जो कि उसके चेहरे पर और शारीरिक हाव-भाव से साफ़ झलक रहा था। इस बार वह अपने प्रयास में विफल हो गई क्योंकि शटल नेट पर गिर गया था और मैं 23-21 से जीत गई।

म्यू चू का लक्ष्य इस मैच को सीधे सेटों में जीतने का था, वह इस बात को जानती थी और मैं भी। उसकी थकावट मुझे दिखाई दे रही थी, लेकिन तब भी मैं अपने आप को मज़बूती दे रही थी। तीसरा सेट चल रहा था, मैं पूरे कोर्ट में इधर-उधर, जहां-तहां स्ट्रोक कर रही थी। मुझे लगा कि यदि म्यू चू इसी तरह कोर्ट में एक छोर से दूसरे छोर तक दौड़ती रही तो वह बहुत जल्द ही थक जाएगी। यही मेरी रणनीति थी और ऐसा ही हुआ। मैं शुरुआत से ही बढ़त बनाए हुए थी और हमारे अंकों में भी अंतर बढ़ता जा रहा था। एक समय हमलोग 12-7 पर थे और कुछ ही देर में यह 14-9 हो गया। म्यू चू आगे बढ़ने की पूरी कोशिश कर रही थी, लेकिन मैं उसे बहुत नज़दीक न आने देने सफल हो रही थी। जब मैं पांच अंकों की बढ़त के साथ 17-12 पर खेल रही थी तब मैंने इसका फ़ायदा उठाया। म्यू चू कई गंभीर ग़लतियां कर रही थी तभी मैं 19-12 पर पहुंच गई। 21-13 की बढ़त के साथ ये मेरा गेम सेट और मैच था।

उस क्षण का क्या कहना! लोगों की ख़ुशी का ठिकाना नहीं था, वे लोग भारतीय झंडा लेकर चारों तरफ़ दौड़ रहे थे। मैंने भी

कोर्ट का चक्कर लगाया और दर्शकों से हाथ मिलाया। उसके बाद पदक वितरण समारोह का समय आया। जब मेरा नाम पुकारा गया तब मैं गौरवान्वित महसूस कर रही थी। मैं स्वर्ण पदक लेने के लिए उस स्थान पर गई जहां से इसे दिया जाता है। वहां उपस्थित सभी लोगों ने मेरे साथ भारतीय राष्ट्रगान गाया। मैं जब कभी भी उस क्षण को याद करती हूं तो रोमांचित हो जाती हूं।

मैंने अपने देश के लिए स्वर्ण पदक जीता था! इस स्वर्ण पदक ने देश को पदकों की वरीयता सूची में दूसरे पायदान पर पहुंचा दिया और देश के लिए यह पहला मौका था। मेरे लिए इससे ज़्यादा गौरव की बात और कुछ नहीं हो सकती थी।

एक

मेरे माता-पिता हर रोज़ दोपहर में चौधरी चरण सिंह हरियाणा कृषि विश्वविद्यालय के फैकल्टी क्लब में बैडमिंटन खेलने जाते थे। मेरी बहन अबु और मैं भी उनके साथ हो लेती थी। मैं ज़्यादातर समय सोती ही रहती थी। चूंकि अबु मुझ से सात साल बड़ी थी इसलिए जब मम्मी-पापा खेल रहे होते थे तब मुझे वही संभालती थी। पापा कहते हैं कि जब मैं छह साल की थी तब खिलखिला कर हंसते हुए शटल के पीछे इधर-उधर भागने लगी थी और खेल का आनंद लेने लगी थी। मैं तब बहुत ही गंभीर बच्ची हुआ करती थी। मुझे इस तरह से हंसते हुए उनलोगों ने पहली बार देखा था।

हालांकि यह एक अच्छी स्मृति है लेकिन सही मायने में इस खेल में मेरा आना इतना नाटकीय नहीं था। मेरा जन्म हरियाणा में हुआ था और बचपन के शुरुआती साल भी उसी राज्य के हिसार ज़िले में बीते। यहां मेरे पिताजी हरियाणा कृषि विश्वविद्यालय में वैज्ञानिक के पद पर काम करते थे। हमलोग एक छोटे से क्वार्टरनुमा मकान में रहते थे जो शादीशुदा लोगों के लिए हुआ करता था। यह क्वार्टर मेरे पापा को आवंटित हुआ था। अबु और मैं उसी परिसर

के स्कूल में पढ़ने जाया करते थे। दूसरे बच्चों और मेरी जीवनशैली में कोई अंतर नहीं था। सुबह साढ़े आठ बजे से दोपहर डेढ़ बजे तक मैं स्कूल में होती और दोपहर का खाना खाते ही मैं घर से बाहर भाग जाती। मुझे बाहर जाकर खेलना और कृषि विश्वविद्यालय के परिसर में रहना बहुत अच्छा लगता था, यही एक बात थी जो हमारे पास पर्याप्त थी। मैं पेड़ों पर चढ़ती थी, क्रिकेट खेलती थी, चोर-सिपाही खेलती थी। मतलब कोई भी खेल जिससे मैं घर से बाहर जा सकती थी।

जब मैं आठ साल की थी जब मेरे पापा का भारतीय कृषि अनुसंधान परिषद, हैदराबाद में प्रमुख वैज्ञानिक के लिए चयन किया गया। उनका तबादला हो गया। हमलोग सपरिवार हैदराबाद चले गए। ये साल 1998 की बात है। मैं अपने स्कूल, दोस्त और खेलों को भूले नहीं भुला पा रही थी। साथ ही हैदराबाद हमारे लिए बिल्कुल ही नया शहर था और तेलुगू यहां की भाषा थी जिससे हमलोग परिचित ही नहीं थे। इससे ज़्यादा और क्या हो सकता था, हमलोग गर्मी की छुट्टियों के दौरान वहां शिफ़्ट हुए थे, इसलिए मैं सारा दिन घर में बैठे-बैठे ऊब जाती थी। मेरी इस हालत को देखते हुए मेरे मम्मी-पापा ने वहीं पास के एक कराटे क्लास में नाम लिखा दिया। एक साल तक मैंने वहां कराटे सीखी। यहां तक कि मेरा स्कूल शुरू हो जाने के बाद भी मैं वहां एक घंटे के लिए जाती रही थी। मैं किसी तरह ब्राउन बेल्ट हासिल करने में सफल रही। इसके लिए एक शारीरिक परीक्षा से गुज़रना होता था जिसमें हमलोगों को सांसें रोक कर रखनी होती हैं और पेट पर भारी-भरकम वज़न का संतुलन बनाना होता है। जब मेरा बारी आई तब एक आदमी, जिसका वजन 90 किलोग्राम था, मेरे पेट पर चढ़ा, मैं सांस रोक नहीं पाई और छोड़ दिया। उस एक ग़लती की वजह से मेरे पेट में कई दिनों तक दर्द होता रहा और मेरी कराटे क्लास वहीं बंद हो गई। जब मैं पीछे

मुड़ कर देखती हूं तो सोचती हूं कि शायद कराटे के वजह से ही मेरे शरीर में थोड़ा-बहुत लचीलापन आया, लेकिन मैं ग़लत भी हो सकती हूं।

पापा को पता लगा कि आगामी गर्मी के महीने में आंध्र प्रदेश खेल प्राधिकरण बैडमिंटन समर कैंप का आयोजन करने जा रहा है। उन्होंने वहां पर मेरा नाम लिखाने का निर्णय ले लिया। जैसाकि मैं पहले बता चुकी हूं कि मम्मी और पापा दोनों हिसार में बैडमिंटन खेलते थे और मम्मी हरियाणा राज्य के लिए भी खेली थीं। मम्मी-पापा को बैडमिंटन खेल बहुत पसंद था, हो सकता है इसी वजह से पापा का ध्यान कैंप की ओर आकर्षित हो गया। खैर जो भी हो, दूसरे दिन सवेरे-सवेरे पापा और मैं कोच पीएसएस नानी और एसएल गोवर्धन रेड्डी से मिलने लाल बहादुर शास्त्री स्टेडियम पहुंच गए। ये दोनों बहुत ही वरिष्ठ और सम्मानीय खिलाड़ी थे। हमलोगों को कहा गया कि कैंप के लिए चयन का काम पूरा हो गया है। पापा को न सुनना मंज़ूर नहीं था और वह पीछे मुड़कर देखना भी नहीं चाहते थे। भगवान का लाख-लाख शुक्र है कि किसी भी हाल में वह मुझे कैंप में डालने का निर्णय कर चुके थे। उन्होंने दोनों कोचों से आग्रह किया कि मुझे कम से कम एक मौका दें और मेरा खेल देख लें। आश्चर्यजनक रूप से उन्होंने बात मान ली और मैं बैडमिंटन मैदान में पहुंच गई। इससे पहले मैंने थोड़ा-बहुत बैंडमिंटन खेला था लेकिन इस समय यह मेरे लिए किसी अनजान खेल से कम नहीं था। मैं मानती हूं कि उस सुबह मैं क़िस्मत की बहुत धनी थी क्योंकि मेरा पहला स्ट्रोक एक शानदार स्मैश था (बैडमिंटन के खेल में जब एक खिलाड़ी दूसरे खिलाड़ी की ओर ज़मीन की दिशा में ज़ोरदार तरीके से मारता है तो उस प्रहार को आमतौर पर स्मैश कहा जाता है।) नानी सर और गोवर्धन सर दोनों काफ़ी प्रभावित हुए। इसके आगे मैं जानती थी कि समर कैंप में मेरे लिए जगह पक्की है।

अगले एक महीने के लिए मैं रोज़ सुबह बैडमिंटन कैंप जाती रही। मम्मी मुझे लाल बहादुर स्टेडियम ले जाती थीं। यह स्टेडियम हमारे घर से बहुत दूर था इसलिए हमलोगों को सुबह होने से पहले ही उठना पड़ता था ताकि मैं समय पर पहुंच सकूं। शुरू-शुरू में ये सब कुछ थोड़ा अटपटा-सा लगता था। इससे पहले मैंने कभी किसी समर कैंप में हिस्सा नहीं लिया था। यहां पर मुझे व्यायाम के तौर पर 400 मीटर की दौड़, रस्सी कूद, सीढ़ियों पर ऊपर-नीचे दौड़, छोटे रास्ते पर चार से पांच किलोमीटर की दौड़ आदि लगानी होती थी ...मैं अपने जीवन में पहली बार इतना व्यायाम कर रही थी और यह मेरी दिनचर्या का हिस्सा था। इसके अलावा मम्मी का ये निर्णय ले लेना कि सुबह का व्यायाम काफ़ी नहीं है, इसलिए वह हर रोज़ दोपहर में घर पर भी अभ्यास कराने लगी। कैसे खेला जाना चाहिए, कैसे स्ट्रोक्स मारने चाहिए, ये सब मां मुझे सिखाती थीं और अगले दिन कैंप में किस बात पर ध्यान रखना है यह बताती थीं। उन्होंने मेरे खेल में इस तरह दिलचस्पी ली कि मेरे कोच भी उनकी बात सुनने लगे। अब मेरी ऊब ख़त्म हो गई थी।

जब कैंप ख़त्म हुआ तब हमलोगों को बताया गया कि सभी खिलाड़ियों में एक का चयन किया जाएगा जिसे आगे का प्रशिक्षण दिया जाएगा। निस्संदेह, यह चयन खेल में प्रदर्शन के आधार पर ही होना था। मैं फाइनल में तो पहुंच गई लेकिन वहां महाराष्ट्र की दीथी नामक खिलाड़ी से हार गई। उसे ट्रेनिंग के लिए चुन लिया गया। लेकिन उनका दुर्भाग्य था कि वह वहां और दिनों तक नहीं रह सकती थी क्योंकि उसे अपने घर नागपुर वापस जाना था। इसका मतलब था कि जगह मेरे लिए खाली है और मैं आगे बढ़ गई। गर्मी की छुट्टी में, उस दो शानदार स्ट्रोकों ने मेरी क़िस्मत का दरवाज़ा खोल दिया और मेरी ज़िंदगी बदल दी।

यहां तक के सफ़र में मैंने छुट्टियां बिताने से ज़्यादा कुछ भी

नहीं सोचा था। मम्मी-पापा ने इस बारे सोचा था या नहीं इसके बारे मैं कुछ पक्का नहीं कह सकती, लेकिन मेरी मम्मी परिवार में बहुत महत्वाकांक्षी हैं। बाद में उन्होंने निर्णय लिया कि जब मुझ में एक अच्छी बैडमिंटन खिलाड़ी बनने के सभी गुण हैं तो मुझे इसे जारी रखना चाहिए। अकेली मेरी मां ही चाहती थीं कि मेरी ट्रेनिंग और अभ्यास नियमित रूप से चलते रहें।

मैं उस समय भारतीय विद्या भवन स्कूल में चौथी कक्षा में पढ़ती थी जो विद्याश्रम, हैदराबाद में स्थित था। स्कूल खुल गया था और मैं स्कूल जाने लगी। पढ़ाई और खेल दोनों साथ-साथ चलने लगा। जब मैं हिसार में थी तब पढ़ने में मैं बहुत अच्छी थी, इसलिए यहां भी इसे जारी रखने में कोई हर्ज़ नहीं था। लेकिन मेरे लिए इतना कर पाना बहुत कठिन हो गया था। मुझे इस बात का एहसास नहीं था लेकिन समर कैंप ने मेरी ज़िंदगी बदल दी थी।

पापा को राजेंद्र नगर में सरकारी क्वार्टर मिला था। हमलोग उसी में रहते थे। वहां से तकरीबन 25 किलोमीटर की दूरी पर बशीरबाग में लाल बहादुर स्टेडियम था जहां मेरी ट्रेनिंग होती थी। पापा और मैं रोज़ चार बजे सुबह ही उठ जाते और तैयार होकर स्टेडियम जाने के लिए बस पकड़ते। सुबह छह से आठ के बीच मुझे ट्रेनिंग दी जाती और फिर उल्टे पैर स्कूल के लिए भागती ताकि देर न हो जाए। ज़्यादातर समय मैं बहुत मुश्किल से ही सुबह की प्रार्थना में पहुंच पाती थी। दोपहर में साढ़े तीन बजे, स्कूल के गेट पर मम्मी लेने आती थीं और स्टेडियम लेकर जाती थीं। बाद में पापा हमलोगों को लेने आते थे। इतना सब कुछ करने के बाद घर लौटते-लौटते रात के साढ़े नौ बज जाते और मैं बिल्कुल ही थक जाती। मुझे पता रहता था कि पापा भी उतने ही थक जाते हैं लेकिन न तो पापा ने और न ही मम्मी ने कभी मुझ पर ये ज़ाहिर होने दिया। पहले कुछ वर्षों के दौरान कठिन शारीरिक प्रशिक्षण को सीखना बहुत

मुश्किल भरा काम था। मैं बड़ी भी हो रही थी और मेरे पैरों की मांसपेशियों में हमेशा दर्द रहता था। दर्द के मारे मैं रात को उठ कर रोने लगती थी। मेरा रोना सुनकर मम्मी फौरन मेरे कमरे में आ जाती थीं और बादाम के तेल से मेरे पैरों की मालिश किया करती थीं और ऐसा कई बार हुआ। मुझे याद है कि मेरी आंखों के नीचे की चमड़ी काली हो गई थी लेकिन किसी भी हाल में खेल को छोड़ने का ख़्याल नहीं आया। मुझे कोर्ट में रहना, खेलना और जीतना पसंद था।

इसका मतलब कतई ये नहीं था कि पढ़ाई-लिखाई का महत्व नहीं था। चूंकि पापा वैज्ञानिक थे इसलिए ऐसा लगता था कि अबु और मैं उसी दिशा में आगे बढ़ेंगे या फिर कम से कम पढ़ाई के प्रति गंभीर रहेंगे। सच तो यह था कि मैं शुरू से ही डॉक्टर बनना चाहती थी न कि 'विश्व-श्रेणी की बैडमिंटन खिलाड़ी'। मेरी पढ़ाई की जगह बैडमिंटन ले ले ऐसा कभी नहीं हुआ। कहने का मतलब ये है कि मैं पढ़ाई में अच्छी थी। कोई भी माता-पिता अपने बच्चे को दस साल की उम्र में ही पेशेवर बैडमिंटन खिलाड़ी बनाने की नहीं सोच सकते हैं। अगर मेरे माता-पिता के मन में इस तरह का कोई ख़्याल था तो इसके बारे में मुझे बिल्कुल पता नहीं था। लेकिन अब मेरी बैडमिंटन ट्रेनिंग समय-सारणी की वजह से चीज़ें बदलने लगी थीं। हालांकि मम्मी-पापा ने स्कूल के काम को पूरा करने में कभी पीछे नहीं रहने दिया लेकिन अभ्यास के बाद जब मैं घर आती थी तब मेरे पास पढ़ने के लिए इतना समय नहीं बचता था। मैं इतनी थक जाती थी कि होमवर्क करने के लिए बैठने की हिम्मत तक नहीं होती थी।

उसी साल 1999 में, तिरूपति में दस साल से कम उम्र के खिलाड़ियों के लिए ज़िला-स्तरीय प्रतियोगिता का आयोजन हुआ जिसमें मैंने भी खेला। यह प्रतियोगिता मैं जीत गई, मेरे लिए यह

पहली बड़ी सफलता थी। पुरस्कार राशि के रूप में मुझे 500 रुपए भी मिले जो मेरी पहली कमाई थी। मैं उस पैसे का क्या करती? मैंने मम्मी-पापा को दे दिया, मैं अभी भी जीतने पर ऐसा ही करती हूं।

अक्सर मुझसे पूछा जाता है कि क्या मेरे ऊपर माता-पिता का काफ़ी दबाव था। मैंने इस बारे में बहुत सोचा कि क्या सच में ऐसा कुछ था और मेरे मन से जवाब मिला कि नहीं, ऐसा उनलोगों ने नहीं किया। उनलोगों ने देखा कि मैं खेल में बहुत ज़्यादा दिलचस्पी लेने लगी हूं और इसके लिए मेहनत भी करना चाहती हूं तो फिर उनलोगों ने मेरा हौसला बढ़ाया। ऐसा नहीं था कि सिर्फ़ मैं ही प्रशिक्षण और कड़ी मेहनत का बोझ उठा रही थी। ये काम उनलोगों को भी करना होता था। वे लोग भी सुबह-सुबह उठते थे और मेरे प्रशिक्षण के अनुरूप काम करते थे और इससे जुड़ी हर मांग के साथ क़दम से क़दम मिला कर चलते थे। मैं आज जहां हूं वहां पहुंचने का और कोई रास्ता नहीं होता अगर इस तरह का समर्पण और प्रतिबद्धता नहीं होती। ज़िंदगी में कुछ काम ऐसे होते हैं जिन्हें आप अकेले नहीं कर सकते हैं और ये काम उनमें से एक है।

बैंडमिंटन खेल के कुछ नियम-क़ायदे

अगर आपने बैडमिंटन खेला है तो शायद आपको पता होगा कि इसे कैसे खेलते हैं। लेकिन नए-नवेले खिलाड़ियों के लिए मैं यहां थोड़ी-बहुत जानकारी दे रही हूं।

बैडमिंटन एक इंडोर (चारदीवारी और छत के नीचे का) खेल है। यह खेल एशिया में काफ़ी लोकप्रिय है, ख़ासकर दक्षिण-पूर्व के क्षेत्रों में। इसे खेलने वाले बेहतरीन खिलाड़ियों में कुछ चीन के पास हैं। सच तो यह है कि विश्व के दस बेहतरीन खिलाड़ियों में आधे तो चीन से ही हैं। मेरे ख़्याल से, ये सबसे कठिन खेलों में एक है। इसके लिए आपको अपने फुटवर्क को काफ़ी तेज़ रखना होगा, अपने पैरों के बारे में सोचना होगा, बांहें मजबूत रखनी होंगी, तेज़-तर्रार और फूर्ति रखनी होगी और चोट लगने और ज़ख़्मी होने की आदत डालनी होगी।

कोर्टः जैसाकि मैं पहले बता चुकी हूं कि बैडमिंटन एक इंडोर खेल है और यह टेनिस से बिल्कुल अलग है। हमलोग एक आयताकार मैदान पर खेलते हैं जो 44 फुट लंबा और 22 फीट चौड़ा होता है। आयताकार मैदान के बीचो-बीच पांच फुट की ऊंचाई तक नेट (जाल) लगा होता है जो मैदान को दो बराबर हिस्सों में बांटता है।

खेल सामग्रीः हमलोग बैडमिंटन रैकेट और शटलकॉक (चिड़िया) का उपयोग करते हैं। बैडमिंटन रैकेट कुछ हद तक टेनिस रैकेट की तरह ही दिखता है लेकिन इसमें बहुत अंतर होता है। एक अंतर तो यह कि यह बहुत ही हल्का होता है और इसका भी धागा बरीक होता है। बैडमिंटन रैकेट का वज़न 100 ग्राम से ज़्यादा नहीं होता है। अबतक मैंने योनेक्स टिटानियम-7 और मसल पॉवर-77 से खेला है, ये दोनों बहुत अच्छे रैकेट है। आजकल

मैं नैनोरे-7 से खेलती हूं। यह रैकेट तो लाजवाब है। शटलकॉक (चिड़िया) बत्तख के पंखों से बनाया जाता है जो बहुत ही हल्का होता है।

पोशाकः हमलोग टी-शर्ट के साथ शॉर्ट या स्कर्ट पहनते हैं। टी-शर्ट के पीछे पांच सेंटीमीटर माप के अक्षर से खिलाड़ी का नाम लिखा जाता है। इसके नीचे खिलाड़ी के देश का नाम लिखा जाता है। जहां तक मेरा सवाल है तो मेरे मामले में प्रायोजक *डेक्कन क्रॉनिकल* का नाम आमतौर पर मेरे सीने पर लिखा जाता है। कभी-कभी हमलोग एक छोटा विज्ञापन अपनी बांह पर भी लगाते हैं। लेकिन ओलंपिक में खेलना होता है तब टी-शर्ट पर सिर्फ़ खिलाड़ी का नाम ही होता है। इसमें कोई विज्ञापन करने की अनुमति नहीं होती है।

कुछ बुनियादी नियम-क़ायदेः यह खेल बहुत आसान है। एकल खेल में दो खिलाड़ी होते हैं जो बारी-बारी से नेट के दोनों तरफ़ से खेलते हैं। एक सेट को जीतने के लिए खिलाड़ी को 21 अंक बनाने होते हैं। तीन सेटों के आधार पर विजेता घोषित किया जाता है। युगल खेल में कुछ नियम अलग होते हैं लेकिन ज़्यादातर ये एक जैसे ही होते हैं।

अंक बनानाः खेल शुरू होने से पहले सिक्का उछाल कर यह तय किया जाता है कि किस खिलाड़ी से खेल शुरू होगा। अंक बनाना बहुत ही सीधा और सरल है। अगर विपक्षी खिलाड़ी से ग़लती होती है तो मुझे एक अंक मिलता है और अगर मैं ग़लती करती हूं तो उसे एक अंक मिलता है। सेट जीतने के लिए कम से कम दो अंकों का अंतर होना होता है जैसे कि यदि मेरे पास 21 अंक हैं तो विपक्षी खिलाड़ी के 19 अंक ही होने चाहिए तभी मैं उस सेट की विजेता हो सकती हूं। अगर

ऐसा नहीं होता है और सिर्फ़ एक अंक का अंतर रहता है तब 30 अंक तक यह खेल जारी रहता। जो खिलाड़ी पहले 30 अंक बना लेता है वही उस सेट का विजेता होता है। जैसे 30-29 बनाने वाले को विजेता घोषित किया जाता है।

अंपायरः बैडमिंटन के अंपायर का काम भी टेनिस या क्रिकेट के अंपायरों से कुछ अलग नहीं होता है। वह अंक देते हैं, ग़लतियां पकड़ते हैं और खेल के नियमों का पालन करवाने के लिए ज़िम्मेवार होते हैं।

कोर्ट में मनाहीः आप खेल के मैदान में न तो गाली दे सकते हैं और न ही इस प्रकार का कोई संकेत या इशारा कर सकते हैं जिससे अपमानजनक भाव प्रकट होता हो। अगर कोई खिलाड़ी इस नियम को तोड़ता पाया जाता है तो अंपायर उसे पीला या लाल कार्ड दिखा सकते हैं।

खेलने का अंदाज़ः हर खिलाड़ी के खेलने का अंदाज़ अलग-अलग होता है। जैसे मैं आक्रामक खिलाड़ी हूं हमेशा धावा बोलने के अंदाज़ में खेलती हूं। जबकि कुछ खिलाड़ी रक्षात्मक होते हैं और बच-बचाकर खेलते हैं। मुझे कोर्ट पर दौड़ना और हर शॉट का जवाब देने के लिए कठिन परिश्रम करना पसंद है। स्ट्रोक भी कई प्रकार के होते हैं। खिलाड़ियों का अपना-अपना पसंदीदा स्ट्रोक होता है। मेरा पसंदीदा स्ट्रोक स्मैश है। विरोधी खिलाड़ी को इस स्ट्रोक का जवाब देने में बहुत मुश्किल होती है। यही इस स्ट्रोक की ख़ासियत है। स्मैश के साथ-साथ ड्रॉप शॉट और टॉस शॉट, बैक शॉट होते हैं, इसका मतलब ये सभी शॉट कोर्ट के पीछे से मारे जाते हैं। ड्राईव और डिफेंस शॉट कोर्ट के बीच से मारे जाते हैं जबकि ड्रीब्ल, फुश और लिफ़्ट शॉट को नेट के पास से खेलते हैं। इनमें ड्रॉप शॉट भी मेरे पसंदीदा शॉटों में से एक है क्योंकि

ये बहुत ही कठिन शॉटों में से एक है और इसे खेलने के लिए खेल पर अच्छी पकड़ होनी चाहिए। यह शॉट ठीक नेट के करीब जाकर प्रतिद्वंद्वी खिलाड़ी की ओर गिरता है जिससे ज़्यादातर समय उसे छोड़ना ही पड़ता है।

रिकार्ड (कीर्तिमान): भारत में प्रकाश पादुकोण का नाम वरीयता सूची में सबसे ऊपर रह चुका है, वह विश्व के नंबर एक खिलाड़ी रह चुके हैं। पुरुष एकल में पुलेला गोपीचंद ही एक मात्र खिलाड़ी हैं जो वरीयता सूची में एक से दस तक की श्रेणी में पहुंच पाए, उनका विश्व में पांचवां स्थान था। वर्ष 1983 में महिला एकल की वरीयता सूची में अमी घीया का नाम सातवें स्थान पर लंबे समय तक रहा। जब मैं वर्ष 2010 में पांचवें स्थान पर पहुंची तब उनका रिकार्ड टूटा।

अंक और वरीयता क्रम: हमलोग जब अंतरराष्ट्रीय आयोजन में खेलते हैं तब विजेता के अंकों में बढ़ोतरी होती है, जिससे उस खिलाड़ी को वरीयता क्रम में ऊपर बढ़ने में मदद मिलती है। किस आयोजन में कितने अंक मिलते हैं, नीचे दिया गया है।

ओलंपिक या विश्व कप	12,000 अंक
मास्टर सुपर सीरीज़ फाइनल	11,000 अंक
सुपर सीरीज़ प्रीमियम	11,000 अंक
सुपर सीरीज़	9,000 अंक
गोल्ड ग्रां प्री	7,000 अंक
ग्रां प्री	5,000 अंक
इंटरनेशनल चैलेंजर्स	4,000 अंक

अगर आप किसी खिलाड़ी का नवीनतम अंक जानना चाहते हैं तो बैडमिंटन वर्ल्ड फेडरेशन की वेबसाइट देख सकते हैं।

http://www.bwfbadminton.org

वर्तमान में चोटी के दस खिलाड़ी*

महिला एकल में

वैंग यिहान (चीन)

ली च्वेरी (चीन)

वैंग जिन (चीन)

सायना नेहवाल (भारत)

वैंग सिंजायन (चीन)

जूलीयाने स्शेंक (जर्मनी)

टीने बौन (डेनमार्क)

जियांग यंजिओ (चीन)

रैटचानॉक इतानॉन (थाईलैंड)

पुरुष एकल में

लीन डेन (चीन)

ली चोंग वी (मलेशिया)

चे लोंग (चीन)

चेन जीन (चीन)

पीटर होग गाडे (डेनमार्क)

सिमोन संतोसो (इंडोनेशिया)

शु सासाकी (जापान)

ली यून–द्वीतीय (कोरिया)

केनेची टेगो (जापान)

डू पेन्यू (चीन)

महिला युगल में

वांग जियाली और यु यांग (चीन)

तियान किंग और ज़ाओ युनलेई (चीन)

हा जुंग एउन और किम मिन जुंग (कोरिया)

---

* 2012 में लिखते समय। स्रोतः बीडब्ल्यूएफ वर्ल्ड रैंकिंग

मिजुकी फुजी और रेइका काकीवा (जापान)
बाओ यिक्सिन और ज़िंग कियांक्सिन (चीन)
कामिला रिट्टर जुह्ल और क्रिस्टीना पेडर्सन (डेनमार्क)
तांग जिन्हुआ और हुआन जिया (चीन)
जुंग क्युंग एउन और किम हा ना (कोरिया)
चेंग वेन ह्सिंग और चिएन यु चिन (चीनी ताइपेई)
मियुकी माएदा और साताको सुएत्सुना (जापान)

पुरुष युगल में

चुंग जे सुंग और ली योंग डे (कोरिया)
चे युन और फू हैफेंग (चीन)
मथिआस बो और कार्स्टन मोगेनसेन (डेनमार्क)
को सुंग यून और यू योंग सियोन (कोरिया)
मार्किस कीडो और हैंद्रा सेतियावान (इंडोनेशिया)
चाई बियो और गुयो जेनडोंग (चीन)
कियन केयेत कू और बून हियोंग टान (मलेशिया)
मोहम्मद अहसान और बोना सेप्तानो (इंडोनेशिया)
फेंग चेह मिन और ली सेंग मू (चीन--ताईपेई)
हिरोयूकी इंदो और केंची हयाकावा (जापान)

मिश्रित युगल में

जू चैन और मा जी (चीन)
जैंग नान और ज़ाहो युनली (चीन)
जोकिम फिचर निल्सन और क्रिस्टीना पेडेरसेन (डेनमार्क)
टोनटोवी अहमद और लीलीयाना नातसीर (इंडोनेशिया)
चेन हुंग लिंग और चौंगवेन सिंग (चीन--ताईपेई)
सुडकेट प्रपाकामोल और सरली थुंगथौंगकाम (थाईलैंड)
थॉमस लेबर्न और कमिला रिट्टर जुह्ल (डेनमार्क)
पेंग सून चान और ली यिंग गो (मलेशिया)
ली योंग डे और हा जुंग इयून (कोरिया)
शिंतारो इकेडा और रिको शिओता (जापान)

दो

मैंने वर्ष 1999 में ज़िला स्तरीय अंडर टेन टूर्नामेंट में बैडमिंटन खेलना शुरू कर दिया था। यहां से मेरा सफलता का ग्राफ नियमित रूप से बढ़ता गया। मेरे जीतने पर शिक्षकगण काफ़ी ख़ुश होते थे और मेरे प्रति थोड़ा नरम रहते थे। सुबह में ज़्यादातर समय मैं देर से स्कूल पहुंचती और ट्रेनिंग के लिए कई बार ढाई बजे स्कूल से निकल जाती। स्कूल से जल्दी निकलने की वजह से मेरे क्लासमेट मुझसे ईर्ष्या करने लगे, लेकिन इनमें से कोई नहीं जानता था कि स्कूल के बाद मेरा दिन कैसे गुज़रता है। ट्रेनिंग के बाद जब पापा मुझे लेने आते थे तब तक मैं इतनी थक जाती थी कि उनके स्कूटर पर ही सो जाती थी या फिर ऑटो पर भी सोती हुई घर जाती थी। मैं खूब खेलने लगी। शुक्र है, न तो पापा ने और न ही मम्मी ने कभी कहा कि जितना मैं खेलती हूं उतनी ही पढ़ाई भी होनी चाहिए। ऐसा करना संभव नहीं था।

ज़िला स्तरीय प्रतियोगिता में जीतने के बाद मैं 12 और 14 वर्ष से कम उम्र की राज्य स्तरीय प्रतियोगिताओं में हिस्सा लेने लगी। ज़्यादातर मौके पर मैं जीत हासिल करती थी लेकिन कभी-कभार मैच

हार जाती थी तब बहुत बुरा लगता था। जब मैं मैच हार जाती थी तो मम्मी बहुत परेशान हो जाती थीं। वह बहुत ग़ुस्सा करतीं, उनकी नाराज़गी से मैं बहुत डर जाती। मैं चाहती थी कि वह मुझे जीतते हुए देखें। निस्संदेह, जीतने की चाहत तो होती थी लेकिन हार भी तो खेल का ही हिस्सा है न। ऐसा बारबार न हो, तो कभी-कभार हारने में भी कोई बुराई नहीं है।

अपने ग़ुस्से के बावजूद वो मम्मी ही थीं जिन्होंने मुझे एक चैंपियन की तरह सोचने के लिए तैयार किया। मुझे याद है कि एक बार मैंने मम्मी से पूछा कि विश्व नंबर एक खिलाड़ी और मुझमें क्या अंतर है तो वो मेरे इस सवाल पर या यों कहें कि बड़े लक्ष्य की सोच को सुनकर बिल्कुल हंसीं नहीं बल्कि मेरे आंखों में झांककर कर वो बोलीं कि दुनिया के अच्छे से अच्छे खिलाड़ी मुझसे अच्छे कैसे हो सकते हैं। इस वाकए ने मुझे बड़े सपने देखने को प्रोत्साहित कर दिया और मैं ऐसा करने भी लगी। इतना तो मुझे पता था कि शिखर पर पहुंचने के लिए आगे मुझे बहुत मेहनत करनी है। शुक्र है मम्मी का कि उन्होंने मुझे रास्ता दिखा दिया और थोड़े-बहुत आत्मविश्वास के साथ मैं उस रास्ते पर चल निकली।

मोटे तौर कहें तो बहुत जल्दी ही मैं बैडमिंटन में खो गई। लोग प्रायः मुझसे पूछते हैं कि जब बड़ी हो रही थी तो क्या मैं एक 'आम' बच्चे की तरह ही थी। इस सवाल का जवाब मैं नहीं जानती हूं। मेरे लिए तो बैडमिंटन खेलना आम बात थी। मैंने खेला, प्रशिक्षण लिया, प्रतियोगिताएं जीती और मैं स्कूल भी गई। स्कूल की हर परीक्षा में प्रथम श्रेणी से पास हुई। पढ़ाई और खेल के बीच किसी और बात के बारे में सोचने का इतना समय कहां था? सच तो यह है कि मैंने स्कूल में बहुत कम समय बिताया और ऐसे में दोस्त बनाने का समय मुश्किल से ही मिल पाता था। जिन बच्चों से मैं रोज़ मिलती थी, उन्हीं के साथ ट्रेनिंग लेती, उन्हीं के साथ खेलती भी और उनके ख़िलाफ़

भी। एक तरह से तो हमलोग दोस्त थे लेकिन कोर्ट में एक दूसरे के प्रतिद्वंद्वी बन जाते थे और इस बात को भूल नहीं सकते थे। मैं न तो सप्ताह के अंत में किसी के जन्मदिन की पार्टी में शरीक होती थी और न ही स्कूल ख़त्म होने पर दोस्तों के साथ इधर-उधर की बातें करती थी। इतना ही नहीं, सालाना पारिवारिक छुट्टी में भी नहीं जाती थी। क्या उस समय ये सब करने का मन करता था? क्या अब ऐसा करती हूं? मैं पूरी ईमानदारी से जवाब देती हूं, नहीं।

कक्षा सात में पहुंचने तक, राज्यस्तरीय और राष्ट्रीय स्तर की प्रतियोगिता मेरे लिए पुरानी बात हो गई थी और मैं अंतरराष्ट्रीय प्रतियोगिता में खेलने की शुरुआत भी कर चुकी थी। कक्षा आठ और दस के दौरान सकूल में मेरी उपस्थिति में ज़बर्दस्त गिरावट आई क्योंकि मैं प्रतियोगिता खेलने के लिए प्रायः बाहर ही रहती थी। उदाहरण के तौर पर यदि मैं विदेश में 15 और देश में पांच प्रतियोगिताएं खेलती थी तो मैं कुल मिलाकर 40 सप्ताह तक स्कूल नहीं जा पाती। हर प्रतियोगिता में मेरे कम से कम दो सप्ताह तो जाते ही थे जबकि ट्रेनिंग के लिए जो समय चाहिए था वो अलग। उन तीन सालों में ऐसे ही चलता रहा। मैं अपने स्कूल के प्रधानाचार्य और शिक्षकों की शुक्रगुज़ार हूं कि मैं स्कूल में रह पाई। मैं अपने आ़प को बहुत भाग्यशाली समझती हूं कि मुझे ऐसे उदार और सहयोग देने वाले शिक्षक मिले। मेरी अनुपस्थिति से उनको कभी शिकायत नहीं होती और वे ख़ुशी-ख़ुशी मुझे छूटे हुए अध्याय को पढ़ने में मदद करते। मुझे याद है, रानी मेम मुझे घर आकर गणित पढ़ाती थीं और मेरे पीटी टीचर, मुरलीकृष्णा सर हमेशा मुझे 'जाओ सायना, पदक ले कर आना' कह कर बढ़ावा देते थे।

मेरा स्कूल देश भर में फैले बीवीबी स्कूलों की शाखाओं में एक है। इन सभी स्कूलों का एक वार्षिक आयोजन होता है जिसका नाम है केएम मुंशी मेमोरियल बैडमिंटन टूर्नामेंट। वर्ष 2001 में मैंने इस

टूर्नामेंट में खेला और राष्ट्रीय स्तर पर जीत हासिल की। इस टूर्नामेंट के इतिहास में यह पहली बार हुआ था कि मेरा स्कूल मैच जीता था। इस बात से बहुत खुश थी कि मैं उनके के लिए खेल सकी और मैंने जीत हासिल की। मुझे पद्मश्री पुरस्कार मिलने के बाद मेरे स्कूल ने एक भवन को मेरा नाम देकर मेरी उपलब्धि को स्वीकार किया। दुर्भाग्यवश मैं उस समय मौजूद नहीं थी और मेरी जगह पर पापा उद्घाटन करने गए, सोचती हूं कि वह क्षण कितना मन को छू लेने वाला रहा होगा।

जब दसवीं कक्षा की सीबीएससी बोर्ड परीक्षा का समय आया तो उस समय भी मैं जूनियर जर्मन और डच ओपन खेलने के लिए बाहर थी। मैं परीक्षा से लगभग 25 दिन पहले आई। मुझे इतने कम समय में बहुत कुछ पढ़ना था। मुझे लगता है कि उस 25 दिनों में मैं साल भर का हिस्सा याद कर गई। समाजशास्त्र की परीक्षा का दिन था और मैं बुरी तरह से भयभीत थी, सुबह का वह लम्हा मुझे अब भी याद है। मैं बहुत घबरा गई थी और उल्टी करने लगी। यह किसी मैच से पहले के होने वाले डर से कहीं ज़्यादा ख़राब था। मम्मी-पापा चिंतित थे इसलिए मुझे मदद करने के लिए मेरे साथ बैठ गए, जितना हो सका उनलोगों ने मेरी मदद की। मैं बहुत घबराते हुए परीक्षा देने गई लेकिन जब वापस आई तो बाहर पापा मेरा इंतज़ार कर रहे थे। उन्होंने प्रश्न पत्र पढ़े और अलग-अलग प्रश्नों के जवाब पूछे, फिर सिर हिलाया और बोले, 'तुम पक्का फेल हो जाओगी'। जब परिणाम आया तो पता लगा कि उस विषय में मुझे 75 प्रतिशत अंक मिले हैं जो कि सभी विषयों में सबसे अधिक नंबर थे। मुझे विज्ञान में 70 प्रतिशत अंक प्राप्त हुए और कुल मिलाकर 65 प्रतिशत अंक मिले। मैंने दसवीं की परीक्षा पास कर ली थी, यह मेरे लिए बड़ी राहत की बात थी।

मैं समझती हूं कि ज़्यादातर बच्चे 15 बरस की उम्र के आस-पास

ही यह तय कर लेते हैं कि उन्हें क्या करना है, तब मैं भी 15 बरस की ही थी। तब तक मेरे सामने भी यह साफ़ हो गया था कि मुझे क्या करना है यानी एक पेशेवर बैडमिंटन खिलाड़ी बनना है। जब मैंने पापा को यह बात बताई तो वह पूरी तरह से सहमत नहीं हुए थे जबकि मैं टूर्नामेंट जीत रही थी और कई बड़े खिलाड़ियों को हरा रही थी। लेकिन मुझे लगता है कि हम दोनों समझ गए थे कि डॉक्टर बनने की जो असली योजना थी उससे मैं दूर निकल गई हूं। इसी बीच सेंट ऐन्स स्कूल में कक्षा 11 और 12 में मेरा दाख़िला हो गया। यहां मुझे रसायन विज्ञान, अर्थशास्त्र और नागरिक शास्त्र पढ़ना था।

इस बार स्कूल जाना मेरे लिए और भी कठिन हो गया। अभ्यास सत्र में मुझे ज़्यादा से ज़्यादा मेहनत करनी पड़ती थी। दो साल पूरे होने से पहले पापा भी इस बात से सहमत हो गए थे कि बैडमिंटन ही मेरा भविष्य है।

वर्ष 2006 में, मुझे फिलीपींस ओपन के लिए जाना था और उसी समय 12वीं की परीक्षा भी होनी थी। परीक्षा और टूर्नामेंट में से मैंने टूर्नामेंट को चुना। मुझे याद है कि उस समय समाचार पत्रों में छपा कि 'पहली बार भारत के लिए फोर स्टार टूर्नामेंट में जीत हासिल करने के लिए सायना ने परीक्षा छोड़ी'। एक बार फिर मेरा स्कूल काफ़ी मददगार रहा। जब मैं वापस आई तो मुझे एक सभा को संबोधित करने के लिए कहा गया। दो साल बाद यानी वर्ष 2008 में खेल दिवस के मौके पर मुझे मुख्य अतिथि के रूप में आमंत्रित किया गया। मैं मंच पर बैठी थी और डीन मेरा परिचय दे रहे थे। जब उन्होंने मुझे 'मैडम' कहकर संबोधित किया तो आप कल्पना कर सकते हैं कि मुझे कितने ज़ोर का झटका लगा होगा। मेरी स्थिति तो कुर्सी से गिरने जैसी हो गई थी! ग्यारवीं कक्षा के बाद मैं स्कूल जाना बंद कर चुकी थी। मेरी आगे की पढ़ाई बड़े अटपटे ढंग से रुक गई लेकिन इस बारे सोचने का इतना समय कहां था। अपना रास्ता बदलने की बात मैं ख़ुद से

पूछती हुई, अपने चुने रास्ते पर बहुत आगे निकल गई थी। मैं ईमानदारी से कहती हूं कि अब पीछे मुड़कर देखती हूं तो मुझे कोई पछतावा नहीं होता है।

मेरे कैरियर के शुरुआती दौर के महत्वपूर्ण खेल

जून 1999 में, मैंने पहला ज़िला स्तरीय अंडर-10 गेम तिरुपति में खेला। तब मुझे बैडमिंटन खेलते हुए सिर्फ़ दो महीने ही हुए थे। इस गेम में मैंने गोदावरी ज़िले की खिलाड़ी आईआरडी शीरवानी को सीधे सेटों में हराया था। मैच ख़त्म होने के बाद पापा मुझे प्रसिद्ध तिरुपति बालाजी मंदिर ले गए। मेरे कैरियर में इतनी जल्दी पहली जीत के लिए हमलोगों ने भगवान का शुक्रिया अदा किया। हालांकि मैं बहुत ज़्यादा धार्मिक नहीं हूं, लेकिन मेरा मानना है कि मेरे ऊपर भगवान का आशीर्वाद बना रहता है।

वर्ष 2002 मेरे लिए बड़ा शानदार रहा। उसी वर्ष जुलाई के महीने में हैदराबाद ज़िला बैडमिंटन चैंपियनशिप का आयोजन हुआ। इसके छह वर्गों में मैंने हिस्सा लिया। ये वर्ग थे अंडर-13, अंडर-16 और अंडर-19 के एकल और युगल। इन मैचों में भी मेरी जीत हुई। इसके बाद राष्ट्रीय स्तर पर सीनियर महिला वर्ग के साथ-साथ इन सभी वर्गों में कुल 36 मैच मैंने खेले। इसमें मैंने 28 स्वर्ण और पांच रजत पदक जीते। तब मेरी उम्र सिर्फ़ 12 बरस की थी और खेलते हुए ये तीसरा साल था।

अगले साल राष्ट्रीय स्तर पर अंडर-16 और अंडर-19 के एकल और युगल दोनों वर्गों में 18 मैच खेले। मैंने 16 मैच जीते और दो मैचों में दूसरे स्थान पर रही। साल 2003 में चेक जूनियर ओपन के साथ अंतरराष्ट्रीय अखाड़े में मेरा पदार्पण हुआ। साल 2004 में अंतरराष्ट्रीय मैच खेलने मैं ज़्यादा व्यस्त रही जिससे देश में

खेलने का समय कम मिला। मैंने तब भी किसी तरह अंडर-19 के जूनियर राष्ट्रीय चैंपियनशिप में खेला और एकल-युगल दोनों वर्गों मैं जीती।

साल 2005 में मैं अंडर-16, अंडर-19, सीनियर नेशनल और इंडिया इंटरनेशल सैटेलाइट टूर्नामेंटों में प्रकाश सर के रिकार्ड की बराबरी के करीब आ गई। तीन वर्गों का मैच तो मैं जीत गई लेकिन सीनियर वर्गों में दूसरे स्थान पर ही रह पाई।

तीन

मैं शिखर पर कैसे पहुंची इसका एक छोटा इतिहास है। आप भी जानते हैं कि आगे बढ़ते रहने के सफ़र में हमेशा कामयाबी और नाकामी मिलती रहती है।

किसी भी खेल में आगे बढ़ने के लिए लगातार प्रदर्शन करते रहिए और एक-एक कदम आगे बढ़ते रहिए। इसके लिए कोई छोटा रास्ता नहीं होता। मेरे सफ़र का पहला पड़ाव ज़िला स्तर था, दूसरा राज्य स्तर और फिर तीसरा राष्ट्रीय स्तर का था लेकिन मैं हमेशा से अंतरराष्ट्रीय स्तर पर खेलना चाहती थी। जब मैं 12 बरस की थी तब राष्ट्रमंडल खेल की टीम इवेंट का हिस्सा थी। उस टीम की मुख्य खिलाड़ी अपर्णा पोपट थीं। उस समय वो महिला खिलाड़ियों में देश की सर्वश्रेष्ठ खिलाड़ी थीं। सबकी निगाहें उन्हीं पर टिकी थीं। मैं ठहरी एक जूनियर खिलाड़ी, जिसकी कोई रैंक नहीं थी, इसलिए सारा समय बेंच पर बैठे-बैठे बिताना पड़ा। वहां होते हुए भी नहीं खेलने से मैं कुंठित हो रही थी। कोर्ट में जाने के लिए मेरा मन मचल रहा था। मैं बहुत नई थी, इसके अलावा और क्या कर सकती थी, लेकिन उस दिन मेरा दिन अच्छा था और मैंने अपने समय का

उपयोग बुद्धिमानी से किया। मैंने प्रशिक्षण लेते हुए दूसरों का खेल देखने में समय बिताया, ख़ासकर अपर्णा का खेल देखने में।

सच में, मैं अंतरराष्ट्रीय खेलों के आयोजन का हिस्सा बनना चाहती थी। एक साल बाद 2003 में मुझे ये मौका मिला जब मैंने प्राग में चेकोस्लोवाकिया जूनियर ओपन में खेलने के लिए प्रस्थान किया। यह एक अंडर-19 टूर्नामेंट था। इसके फाइनल में पहुंचने से पहले मैंने पांच राउंड मैच खेला और फाइनल में स्वर्ण पदक जीता। तब मैं 13 बरस की थी और तब भी मेरी कोई रैंक नहीं थी क्योंकि इससे पहले मैंने अंतरराष्ट्रीय स्तर का कोई मैच नहीं खेला था। फिर भी मैं विश्व के 20वीं और 60वीं रैंक की खिलाड़ी को हरा चुकी थी और वह भी सीनियर वर्ग में। इसलिए मैं हमेशा रैंक पर ज़्यादा ध्यान नहीं देती हूं क्योंकि जब रैंक बहुत ऊपर होती है उसे थोड़ा ही फ़ायदा मिलता है। जिनके पास रैंक होता है उन सभी खिलाड़ियों को क्वालिफाइंग मैच में जीतने का मौक़ा मिल जाता है। लेकिन इसकी एक सीमा रेखा होती है। उसके बाद खिलाड़ियों की उम्र और रैंक का कोई मतलब नहीं रह जाता है।

इस जीत ने मुझे आत्मविश्वास से लबरेज कर दिया और इसका ठोस सबूत दिया अंतरराष्ट्रीय स्तर पर बैडमिंटन खेलने के लिए जो चीज़ चाहिए वो मेरे पास थी। उस रात हमलोगों ने बाहर खाना खाकर जश्न मनाया। हमारी टोली से ही आनंद पवार नामक एक और खिलाड़ी था जिसने इसी टूर्नामेंट के पुरुष वर्ग में जीत हासिल की थी। हम दोनों ने मिलकर टीम के सभी सदस्यों को खाना खिलाया। मुझे याद है कि मैं उस शाम चॉकलेट पर चॉकलेट खाती जा रही थी...ये लम्हा भी मेरे यादगार लम्हों में एक है।

जब मैं 15 बरस की थी तब राष्ट्रीय स्तर पर सीनियर वर्ग में खेलना शुरू कर दिया था। वर्ष 2005 में मैं अपर्णा से हार गई और दूसरे स्थान पर रही। इसके बाद मैंने एशियन सैटेलाइट बैडमिंटन

टूर्नामेंट में जीत दर्ज़ की। हालांकि सर्वश्रेष्ठ स्थान पर पहुंचने के लिए मैं अंतरराष्ट्रीय स्तर पर खेलने की शुरुआत कर चुकी थी। क्योंकि कितने टूर्नामेंट में खेले गए हैं यहां इसकी भी अहमियत होती है। मेरी नज़र उबेर कप 2006 पर थी। इस टूर्नामेंट का आयोजन जयपुर में हुआ। मैंने जितने भी एकल मैच खेले सभी में मेरी जीत हुई। दुर्भाग्यवश मेरी टीम फाइनल में नहीं पहुंच सकी।

इस हार के बावजूद, मैंने अगले बड़े टूर्नामेंट यानी राष्ट्रमंडल खेल, 2006 पर ध्यान केंद्रित कर रखा था। मुझे उम्मीद थी कि इस बार मुझे खेलने का मौका मिलेगा। इस बार भी मैं टीम में जूनियर खिलाड़ी ही थी लेकिन इस बार मेरी रैंकिंग 70 थी और यह मेरे अंतरराष्ट्रीय मैच खेलने की वजह से संभव हुआ था। यहां मुझे अतिरिक्त खिलाड़ी के रूप में रखा गया था लेकिन अगर मौक़ा मिलता तो मैं खेलने के लिए पूरी तरह से तैयार थी। इस बार भी अपर्णा ही सबसे बेहतर खिलाड़ी थीं और सीनियर भी। वही हमलोगों का तुरूप का पत्ता थीं, इसलिए उन्हीं को एकल खेलने के लिए कहा गया लेकिन वो घायल हो गईं। जब यह साफ़ हो गया कि वो अब नहीं खेल पाएगी, तब मैं टीम के कोच विमल कुमार के पास गई और कहा, 'सर, एकल प्रतियोगिता मैं खेलूंगी।' हालांकि हम दोनों जानते थे कि इसमें थोड़ा ख़तरा है फिर भी उन्होंने इसके बारे में सोचा और एकल प्रतियोगिता में मेरे खेलने पर सहमत हो गए। इस तरह से मैं कोर्ट में पहुंची जिसके लिए मैंने काफ़ी लंबे समय तक इंतज़ार किया था।

क्वालीफाइंग मैच जारी रहा और मैं सबको पीछे छोड़ती हुई क्वार्टर फाइनल में पहुंच गई लेकिन यहां मैंने सिंगापुर की खिलाड़ी जिंग आयिंग से हार गई। फिर भी राष्ट्रमंडल खेल में मैंने कांस्य पदक जीता। मैं जानती हूं कि मैं इस खेल का हिस्सा थी। पीछे मुड़कर देखती हूं तो सोचती हूं कि मेरे पास स्वर्ण पदक जीतने का

मौक़ा था लेकिन फाइनल में पहुंचती, उससे पहले ही मैं थक गई थी। तब मेरी फिटनेस भी आज जैसी नहीं थी और मैं टूर्नामेंट में बढ़त बनाए भी नहीं रख पाई। मोटे तौर पर इसका सकारात्मक परिणाम यही रहा कि राष्ट्रमंडल खेल में मेरे प्रदर्शन ने लोगों को बैठने पर मजबूर किया और मेरी ओर ध्यान आकर्षित किया। मेरे ऊपर लगे इस दांव का परिणाम देखकर विमल सर ख़ुद को काफ़ी हल्का महसूस कर रहे थे। इसके बाद उन्होंने मुझे बधाई दी।

मैंने अपने इस आत्मविश्वास को दूसरे बड़े टूर्नामेंट में भी बरकरार रखा और फिलिपींस ओपन में खेला जहां मैं स्वर्ण पदक जीती। लेकिन ख़ुशी के इस मौक़े के दिन जश्न मनाने के लिए मेरे कोच भास्कर सर के अलावा भारतीय टीम से कोई मौजूद नहीं था। इस टूर्नामेंट में भारतीय टीम के अन्य खिलाड़ी प्रारंभिक राउंड में ही बाहर हो गए और इंडोनेशिया की राजधानी जकार्ता चले गए जहां दूसरा बड़ा टूर्नामेंट, डजारम इंडोनेशिया ओपन होना था। मैंने अपनी जीत का जश्न होटल के कमरे में अकेले ही मनाया। विश्व के 66वें नंबर की खिलाड़ी, मलेशिया की जूलिया वॉग को मैंने सीधे सेटों में हराया था। इससे ज़्यादा और क्या चाहिए, मुझे पुरस्कार राशि के रूप में 9,000 अमरीकी डॉलर दिए गए। अब तक मैंने जितने भी मैच खेले उनमें यह राशि सबसे ज़्यादा थी। इसलिए जश्न मनाने की कई वजहें थीं मगर समय बहुत कम था क्योंकि मुझे जल्द से जल्द इंडोनेशिया जाकर टीम में शामिल होना था।

टिकट लेने में कुछ गड़बड़ी हो गई और मुझे दोबारा टिकट लेना पड़ा। किसी भी तरह मलेशिया होते हुए मनीला से जकार्ता का टिकट मिल गया। वैसे तो टीम मैनेजर ही इन सब बातों का ख़्याल रखते हैं लेकिन इस बार मुझे ख़ुद ये सब करना था तो समय पर जकार्ता भी पहुंचना था। ये सब काम बड़ा ही थकाऊ और तनाव भरा था। मुझे आराम करने का बहुत कम समय मिला। मैं इंडोनेशिया

ओपन के पहले राउंड में हार गई। मेरे लिए इसमें कोई आश्चर्य की बात नहीं थी। थकान की जीत हुई। सौभाग्यवश, उस समय मेरे पास न तो लैपटॉप था और न ही मैंने अख़बार पढ़ा, इसलिए मेरे बारे में क्या कहा जा रहा है उससे जान-बूझकर अनजान रही। बाद में मैंने वह अख़बार देखा जिसे एक दिन पहले मुझमें हीरो नज़र आ रहा और अब मुझे ज़ीरो बता रहा था। मीडिया की अनिश्चितता से ये मेरा पहला सामना था। मुझे कुछ ऐसा ही एहसास हुआ। मैं समझ गई थी कि मैं जो कुछ भी करती हूं वह सब ख़बर बनती है चाहे वह कोर्ट के बाहर हो या अंदर, इसलिए मुझे सतर्क रहना होगा।

इसके बाद कोरिया के सियोल में जूनियर वर्ल्ड कप टूर्नामेंट का आयोजन हुआ। मैं इसके फाइनल में पहुंची लेकिन वांग यिहान से हार गई। उस समय वांग यिहान का नाम दिग्गज खिलाड़ियों में शुमार था। अब मेरा कैरियर अपर्णा की बराबरी कर रहा था।

अगर कोई सोचता है कि यहां पहुंच कर ये बड़ा आसान काम है तो वो बिल्कुल ग़लत सोचता है। अगले साल यानी वर्ष 2007 की शुरुआत अच्छी रही और मैं मलेशिया ओपन के क्वार्टर—फाइनल में पहुंच गई। सीनियर नेशनल चैंपियनशिप 2007 में खेलने के लिए मैं सीधे कुआलालंपुर से पटना पहुंची। यहां तक तो सब कुछ ठीक था लेकिन मार्च में ऑल इंग्लैंड टूर्नामेंट हुआ जो अपने आप में बड़ा आयोजन है। इसके सेकेंड राउंड में मैं हार गई जिससे मैं बहुत निराश हो गई। मैं भारत आ गई और ऑल इंडिया नेशनल गेम खेला। यहां एकल और टीम इवेंट दोनों वर्गों में मैंने फिर स्वर्ण पदक जीते लेकिन अंतरराष्ट्रीय स्तर पर मेरे लिए कुछ नहीं हो पा रहा था। मलेशिया, फिलिपींस, सिंगापुर, इंडोनेशिया, जापान, चीन, कोरिया, डेनमार्क, फ्रांस, हांगकांग, चीन ताइपेई, मकाऊ, वियतनाम... इन सभी देशों में मैंने खेला लेकिन सभी जगह पहले या दूसरे राउंड में हार गई।

उस साल मैं बहुत रोई। इसलिए साल 2007 को मैं 'आंसुओं के साल' के रूप में याद करती हूं। बीते साल की सफलता को बरकरार रखने का दबाव मुझे चिंतित कर रहा था। मैं जितना आगे बढ़ना चाहती उतनी ही कठिनाई का एहसास होता। एक खिलाड़ी होने के नाते, हमलोग कैरियर में आए उतार-चढ़ाव के आदी हो जाते हैं लेकिन मैं लगातार हार का सामना कर रही थी, कई निराशाजनक प्रदर्शनों के बाद मैं अपने-आपको इससे निकाल नहीं पा रही थी। सभी अख़बारों में लिखा जा रहा था कि वर्तमान प्रदर्शन ने सिद्ध कर दिया कि साल 2006 की सफलता महज तकदीर का खेल था। इससे भी ज़्यादा दुख तो तब होता था जब इसके बारे में उनलोगों को लिखकर बताना होता था कि क्यों ये साल मेरे लिए बहुत ख़राब है। तकनीकी तौर मुझे जितनी जानकारी होनी चाहिए थी वह थी लेकिन चीनी खिलाड़ियों के विरुद्ध खेलना बहुत मुश्किल था। इस बुरे समय में मम्मी-पापा दोनों मेरे साथ खड़े रहे और मुझे एहसास दिलाते रहे कि जीत और हार तो खेल की सच्चाई हैं।

मित्तल चैंपियंस ट्रस्ट से कुछ अच्छी ख़बर आई जिससे उस साल मेरे गिरते कैरियर ग्राफ को सहारा मिला। साल बीत गया, उस साल दूसरे की अपेक्षा मैं बहुत ज़्यादा खुश थी। पता नहीं क्यों मैं साल 2007 को एक ऐसे साल के रूप में देखती हूं जिसने मुझे अपने और अपने खेल के बारे में बहुत कुछ सिखाया।

आख़िरकार साल 2008 आया और इसके साथ ही बीजिंग ओलंपिक का आगाज़ हुआ। वरीयता सूची में मेरा नाम 23वें स्थान पर था। उसी साल मई के महीने में मुझे ख़बर मिली कि मैं ओलंपिक में खेलने के लिए क्वालिफाई कर गई हूं। वाह, कितना अच्छा लग रहा था। ओलंपिक में तीन क्वालिफाइंग राउंड खेलना था। इनमें मैंने रूस की इला काराचकोवा, उक्रेन की ग्रेगा लारिसा और हांगकांग की वॉग चेन से खेला और सबको हरा दिया ताकि क्वार्टर फाइनल

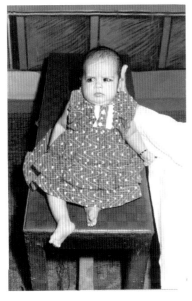

जब मैं छह महीने की थी।

नेताजी सुभाष चंद्र बोस की वेशभूषा में।

मेरे दो सहारे: पापा और मम्मी।

शुरुआती दिन: मेरी बहन अबु और मैं।

एक और फैंसी ड्रेस प्रतियोगिताः इस बार मैंने पुरस्कार जीता!

अबु के जन्मदिन पर हिसार में मनाई गई एक दुर्लभ पार्टी। तब
मैं करीब दो साल की थी।

मम्मी और मैं।

अपनी नन्हीं भतीजी त्विषा और बहन अबु
के साथ, पापा पीछे से झांक रहे हैं।

नेशनल बैडमिंटन चैंपियनशिप 2006 के बाद, जिसमें मैं उपविजेता थी।

2010, मेरे बेहतरीन वर्षों में से एक। द्जारम इंडोनेशिया ओपन और योनेक्स सनराइज़ इंडिया ओपन में हासिल पदकों के साथ।

इंडोनेशिया ओपन और थाईलैंड ओपन 2012 में मिले पदकों को दिखाते हुए।

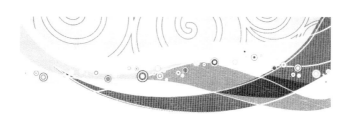

COMMONWEALTH GAMES FEDERATION
CGF

III
Commonwealth
Youth Games 2008
12 - 18 October

DELHI 2010

GOLD MEDALLIST

Saina Nehwal

India

BADMINTON *Women's Singles*

Hon Michael Fennell OJ, CD
President,
Commonwealth Games Federation

Suresh Kalmadi, MP
Chairman
III Commonwealth Youth Games Pune 2008
XIX Commonwealth Games Delhi 2010

मील का पत्थर–राष्ट्रमंडल खेल 2008 का प्रमाणपत्र।

सत्यमेव जयते

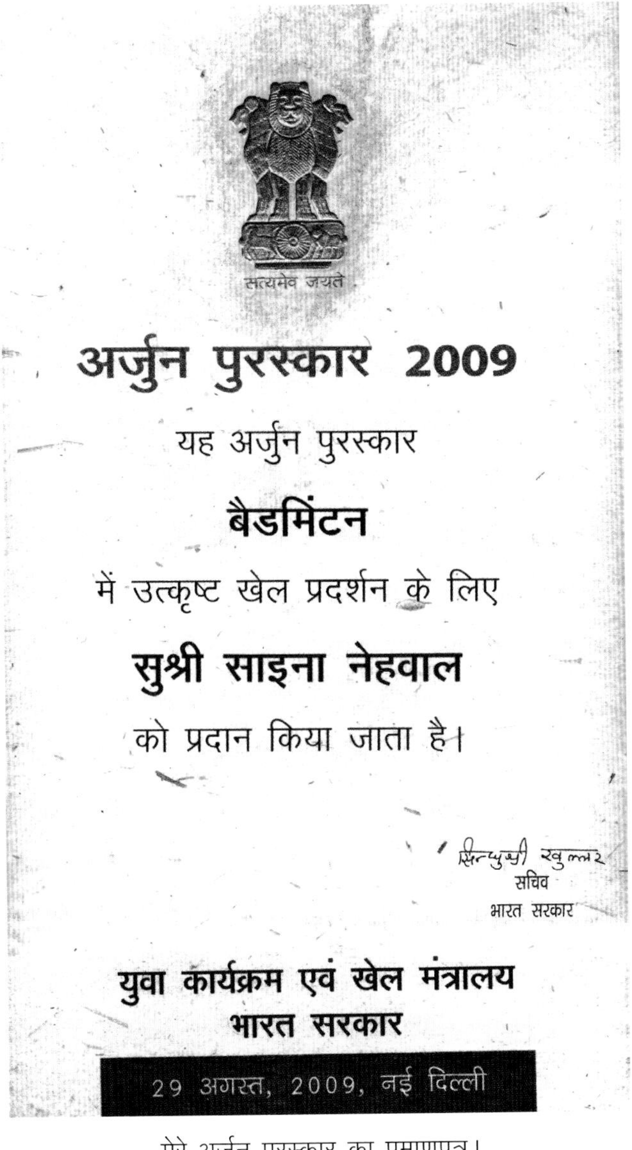

अर्जुन पुरस्कार 2009

यह अर्जुन पुरस्कार

बैडमिंटन

में उत्कृष्ट खेल प्रदर्शन के लिए

सुश्री साइना नेहवाल

को प्रदान किया जाता है।

सिन्धुश्री खुल्लर
सचिव
भारत सरकार

युवा कार्यक्रम एवं खेल मंत्रालय
भारत सरकार

29 अगस्त, 2009, नई दिल्ली

मेरे अर्जुन पुरस्कार का प्रमाणपत्र।

सत्यमेव जयते

Rajiv Gandhi Khel Ratna Award-2010

This Rajiv Gandhi Khel Ratna Award is given to

Ms. Saina Nehwal

for her

outstanding performance in

Badminton

Secretary
Government of India

Ministry of Youth Affairs and Sports
Government of India

29 August 2010, New Delhi

एक बड़ा सम्मान: राजीव गांधी खेल रत्न पुरस्कार।

में पहुंच सकूं। हर राउंड एक जंग की तरह था। ये पहली बार था जब कोई भारतीय खिलाड़ी बैडमिंटन के क्वार्टर फाइनल पहुंचा था लेकिन मैं इंडोनेशिया की खिलाड़ी मारिया क्रिसटिन युलिअंती से हार गई। इसके बारे में बाद में चर्चा करूंगी।

चलिए इस विषय से थोड़ा हटते हैं और बात करते हैं कि कैसे हम राष्ट्रीय स्तर पर खेलते हुए अंतरराष्ट्रीय स्तर पर प्रवेश कर सकते हैं। अंतरराष्ट्रीय स्तर पर खेलने वाले सभी खिलाड़ियों की नज़र सुपर सीरीज़ और ग्रां प्री पर होती है। जिस तरह से टेनिस में ग्रैंड स्लैम का महत्व होता है वैसे ही बैडमिंटन में सुपर सीरीज़ का महत्व है। यही कारण है कि इसमें खेलने की इच्छा हर किसी की होती है। सुपर सीरीज़ वर्ग में एक साल में 13 टूर्नामेंटों का आयोजन होता है। इसमें ग्रां प्री और ग्रां प्री गोल्ड काफ़ी महत्वपूर्ण हैं। इसके अंतर्गत 15 टूर्नामेंट खेले जाते हैं। जब भारत के लिए खेलने की बात आती है तो राष्ट्रमंडल खेल, एशियन गेम्स और ओलंपिक सरीखे आयोजनों का हिस्सा बनने का सपना हमेशा रहा है। कुल मिलाकर पूरे साल में 30 से 35 अंतरराष्ट्रीय टूर्नामेंटों का आयोजन होता है। अब आप समझ सकते हैं कि सभी आयोजनों में हिस्सा लेना क्यों असंभव है।

चलिए अब मैं अपनी कहानी पर लौटती हूं। वर्ष 2008 में, मैं वर्ल्ड जूनियर चैंपियनशिप और चीन ताइपेई ओपन में जीत हासिल की थी। चीन ताइपेई ओपन, प्रतिष्ठित ग्रां प्री टूर्नामेंटों में से एक है। साथ ही मलेशिया में सुपर सीरीज़ के सेमीफाइनल में पहुंची। ऐसा लगा कि साल 2007 के निराशापन से मैं आख़िरकार बाहर निकल गई हूं और मेरी गाड़ी एक बार फिर से चल निकली है। मैं बड़े-बड़े आयोजनों में हिस्सा ले रही थी और जीत भी रही थी। सबसे अच्छी बात ये थी कि किसी ने मुझे खारिज नहीं किया और लोगों ने मेरे खेल के प्रति बड़ा सम्मानीय नज़रिया रखा।

जिस चीज़ की मुझे चाहत थी और जिसके लिए मैं मेहनत कर रही थी वो सब कुछ वर्ष 2008, 2009 और 2010 के दौरान होने लगा। इसके लिए मैं काफ़ी लंबे समय से प्रशिक्षण ले रही थी और अगर मैं ग़लत नहीं हूं तो इतना काफ़ी था। दो साल में मेरी रैंकिंग 200 से 28वें पायदान पर पहुंच गई और अब मैं धीरे-धीरे टॉप-टेन की ओर बढ़ रही थी। साल 2008 के जाते-जाते दिसंबर के महीने में प्रतिष्ठित टॉप-टेन लीग के 10वें स्थान पर पहुंच गई। जनवरी 2009 तक एक पायदान और ऊपर बढ़ी और 9वें स्थान पर पहुंच गई। मैंने जीत के इस सिलसिले को इंडोनेशिया सुपर सीरीज़ 2009 और इंडिया ओपन ग्रां प्री में भी जारी रखा। भारतीय महिला खिलाड़ियों के लिए इंडोनेशिया सुपर सीरीज़ 2009 की जीत, पहली जीत थी। मेरे खेल जीवन में 2010 का साल मेरे लिए शायद सबसे अच्छा था जब मैंने इंडिया ओपन, सिंगापुर ओपन, इंडोनेशिया ओपन, हांगकांग ओपन में जीत हासिल की, इतना ही नहीं मैंने राष्ट्रमंडल खेल 2010 में स्वर्ण पदक भी हासिल किया। सुपर सीरीज़ में जीतने के बाद अब मैं एक प्रमुख लीग खिलाड़ी बन गई थी। वर्ष 2010 में मेरा रैंक बढ़कर दो पर पहुंच गया। भारतीय महिला बैडमिंटन में ऐसा पहली बार हुआ था।

अपनी रैंकिंग में आई गिरावट को मैं देखती हूं और इसके एहसास को भूल जाती हूं। ज़्यादातर मैं अच्छे अंक, जीत, पुरस्कार और मान्यता आदि को ही याद रखती हूं। मैंने शिखर पर होने का आनंद लिया है। यह एक ऐसे गौरव की बात थी जिसकी चमक मैंने दूसरे भारतीयों के चेहरे पर भी देखी है। भारत एक बार फिर शीर्ष का बैडमिंटन खिलाड़ी दे सकता है इसे देखने के लिए ज़्यादा से ज़्यादा लोग बैठे रहते थे। वाकई यह एक संतुष्टि देने वाला एहसास था।

मेरे लिए हर जीत और हर पदक ख़ास है लेकिन घर वापस

आकर सराहना पाना एक अलग तरह की मान्यता प्रदान करता है। सबसे पहले वर्ष 2009 में अर्जुन पुरस्कार मिला उसके बाद इंडोनेशिया ओपन और चायनीज़ ताईपेई गोल्ड ग्रां प्री मिला। इसी साल स्पोर्ट्र्स कोच के लिए मेरे वर्तमान कोच पुलेला गोपीचंद को द्रोणाचार्य पुरास्कार दिया गया इसलिए यह साल मेरे लिए और भी महत्वपूर्ण हो गया। (वैसे उनको वर्ष 2005 में पद्मश्री सम्मान भी मिल चुका है।)

कुछ महीने बाद जनवरी, 2010 में पापा को एक फोन कॉल आया। अगर मुझ से पूछें तो ये एक ऐसा कॉल था जो जीवन में एक बार ही आता है। कॉल करने वाले केंद्रीय गृह मंत्रालय के अफ़सर थे। उन्होंने पूछा, 'आपकी बेटी को पद्म श्री सम्मान दिया जाएगा, क्या वह इसे स्वीकार करेगी?' पापा को भी ऐसी ख़बर आने की उम्मीद नहीं थी और वे कुछ सेकेंडों के बाद ही जवाब दे पाए। उन्होंने कहा, 'यह मेरी बेटी के लिए सौभाग्य की बात है और हमलोग इसे गर्व के साथ स्वीकार करते हैं।' अगले दिन गणतंत्र दिवस था लेकिन उसी शाम सभी चैनल पद्म श्री पुरस्कार पाने वालों में मेरा नाम भी प्रसारित करने लगे।

पुरस्कार समारोह 25 मई को हुआ। राष्ट्रपति भवन में मौजूद होने के उस क्षण का क्या कहना! हमलोग भवन के दरबार हॉल में जमा हुए। सभी पुरस्कार पाने वालों को एक तरफ़ और उनके परिवार को दूसरी तरफ़ बैठना था। हमलोगों में से जिसका नाम पुकारा जाता था वह उठकर जाता और राष्ट्रपति उनको पुरस्कार प्रदान करती थीं। राष्ट्रपति प्रतिभा देवी सिंह पाटिल आमतौर पर किसी पुरस्कार पाने वाले से बात नहीं करती थीं लेकिन जब मैं पद्म श्री पुरस्कार पाने के लिए खड़ी थी तब उन्होंने मुझसे कहा, 'मैं टेबल टेनिस खेला करती थी।' उन्होंने मुझसे बात की यह देखकर मैं चकित हो गई क्योंकि मैंने ऐसा कुछ भी नहीं सोचा था। फिर उन्होंने कहा, 'ओलंपिक

के अंतिम मैच में आप बहुत अच्छा नहीं खेल पाईं, मैं आपका खेल का सीधा प्रसारण टेलीविज़न पर देख रही थी। मुझे आशा है कि अगला मैच अच्छा होगा।' मैं हक्का-बक्का होकर मंच से उतरी।

लेकिन राजीव गांधी खेल रत्न पुरस्कार मेरे दिल के सबसे करीब है। इस पुरस्कार के लिए सभी खेलों के खिलाड़ियों में से किसी एक को हर साल चुना जाता है और साल 2010 में यह पुरस्कार मुझे दिया गया। साल 2010 का वह स्वर्णिम क्षण था। मुझे एहसास हुआ कि सच में मैं इसके लायक थी। इसके अलावा एक और मन को छू लेने वाला पल था जब वर्ष 2011 और वर्ष 2012 में भारतीय संसद के दोनों सदनों ने खड़े होकर मेरा उत्साह पूर्ण स्वागत किया। यह क्षण मेरे परिवार के लिए बहुत ही भावुक क्षण था और हमलोग इसे बहुत बड़े सम्मान के रूप में देखते हैं।

मेरे कैरियर के कुछ ख़ास टूर्नामेंट

चेक ओपन जूनियर 2003–यही वह टूर्नामेंट था जिसने मुझे प्रसिद्ध किया। मैं तब सिर्फ़ 13 साल की थी और मैंने अंतरराष्ट्रीय स्तर के अंडर-19 के टूर्नामेंट में जीत हासिल की थी। ऐसा लगा जैसे मानो सपना सच हो गया हो। अब मैं अपने आपको अंतरराष्ट्रीय खिलाड़ी कह सकती थी। यहां तक पहुंचने के लिए मुझे लगातार चार साल तक कठिन परिश्रम करना पड़ा। मुझे पता चल गया था कि आगे बहुत कुछ अच्छा होने वाला है जिसकी यह एक शुरुआत है।

फिलीपींस ओपन 2006–मेरे लिए वर्ष 2006 बहुत ही सार्थक रहा क्योंकि इसकी शुरुआत फिलिपींस ओपन में स्वर्ण पदक के साथ हुआ। यह आयोजन गोल्ड ग्रां प्री आयोजनों में से एक है। हालांकि मेरी टीम से कोई भी खिलाड़ी फाइनल में जगह नहीं बना पाया था लेकिन मैं जीतने के लिए रोमांचित थी। मेरे कैरियर में ऐसा समय से पहले ही हो रहा था और हर जीत मेरे आत्मविश्वास को बढ़ा रही थी।

विश्व जूनियर बैडमिंटन चैंपियनशिप 2008–बैडमिंटन वर्ल्ड फेडरेशन, अंडर-19 विश्व चैंपियनशिप का आयोजन करती है। यह एक बहुत ही प्रतिष्ठित टूर्नामेंट है। वर्ष 2006 के आयोजन में मैं दूसरे स्थान पर थी। इसे जीतने के लिए मैंने कठिन मेहनत की थी जो मेरा सपना सच हो जाने जैसा था।

इंडोनेशिया ओपन 2009, 2010 और 2012–यह टूर्नामेंट बैडमिंटन वर्ल्ड फेडरेशन सुपर सीरीज़ का हिस्सा है इसलिए यह बड़ी बात है। मुझे इंडोनेशिया में खेलना पसंद है और वहां के दर्शक भी मेरा काफ़ी समर्थन करते हैं। ख़ासकर तब, जब मैं चीन की खिलाड़ी के विरुद्ध उससे बेहतर खेलती हूं। लगातार दो साल तक स्वर्ण पदक जीतने का अहसास निश्चित रूप से अलग होता है। यह

भारत के लिए भी पहला स्वर्ण पदक था। इन पदकों को घर लाकर मुझे बहुत अच्छा लगा। वर्ष 2011 में मैं फाइनल में पहुंच गई थी लेकिन वॉग यिहान से सीधे तीन सेटों में हार गई। फिर भी मुझे रजत पदक मिला। इतना सबकुछ होने के बाद भी यह एक ऐसा टूर्नामेंट है जो मेरे लिए बहुत खास है।

ऑल इंग्लैंड 2010–यह मेरे लिए कितना महत्वपूर्ण है, यह बताने की शुरुआत मैं कैसे करूं यह समझ में नहीं आ रहा है। यह सबसे पुराना टूर्नामेंट है, करीब 100 सालों से हर साल इस टूर्नामेंट का आयोजन होता है। इसमें जीतने के लिए हर खिलाड़ी लालायित रहता है। अब तक सिर्फ़ दो ही भारतीय खिलाड़ी ऑल इंग्लैंड का चैंपियन बन पाए हैं, एक प्रकाश पादुकोण और दूसरे पुलेला गोपीचंद। मैं वर्ष 2007 के आयोजन में दूसरे राउंड में हार गई और वर्ष 2010 के आयोजन में आख़िरकार सेमी-फाइनल में पहुंची। भारतीय महिला बैडमिंटन खिलाड़ी के लिए ऐसा पहली बार हुआ था । इसका मतलब मेरे लिए यह था कि फाइनल थोड़ी ही दूर है और मैं इसे पा सकती हूं।

राष्ट्रमंडल खेल 2010–लोगों ने मुझे भारत का मसीहा कहा क्योंकि मेरी जीत ने भारत को पदक तालिका में दूसरे स्थान पर ला दिया। मैं राष्ट्रमंडल देशों में घर-घर में जानी-जाने लगी, खास कर वहां जहां बैडमिंटन काफ़ी लोकप्रिय खेल हैं। वर्ष 2008 से मैं जो सपना देख रही थी वह हक़ीक़त में बदल गया था।

सिंगापुर सुपर सीरीज़ 2010–यह सुपर सीरीज़ टूर्नामेंटों में एक है इसलिए यह मेरे लिए बहुत महत्वपूर्ण टूर्नामेंट है। वर्ष 2010 में मैं स्वर्ण पदक जीती। इस जीत ने उस साल को ख़ास बना दिया।

हांगकांग सुपर सीरीज़ 2010–वर्ष 2010 के सुपर सीरीज़ टूर्नामेंट का यह अंतिम टूर्नामेंट था और इसमें मैंने जीत हासिल की। उस साल

का यह मेरा पांचवां स्वर्ण पदक था। इससे ज़्यादा और क्या चाहिए कि 28 साल के लंबे अंतराल के बाद भारत यह पदक घर ला रहा था। इससे पहले प्रकाश पादुकोण भारत के एक मात्र ऐसे खिलाड़ी थे जिन्होंने इस टूर्नामेंट में जीत हासिल की थी।

बीडब्ल्यूएफ मास्टर टूर्नामेंट 2011—यह एक ऐसा आयोजन है जिसमें दुनिया के बढ़िया से बढ़िया खिलाड़ी पुरस्कार के रूप में एक बहुत बड़ी राशि जीतने के लिए हिस्सा लेते हैं। मूल रूप से इसमें वही आठ खिलाड़ी खेल सकते जिन्होंने बीते साल के सुपर सीरीज़ टूर्नामेंट में श्रेष्ठता हासिल की हो। चूंकि मैंने वर्ष 2010 में भी इस सीरीज़ में जीत हासिल की थी इसलिए मैं भी इसकी योग्यता की मांग को पूरा कर रही थी। इसमें खेलने का आमंत्रण मिलना ही अपने आप में एक सम्मान था और मैं गर्व के साथ कह सकती हूं कि मैं इसके फाइनल में पहुंच गई लेकिन वहां चीन की खिलाड़ी वॉग यिहान से हार गई।

चार

जैसा कि मैं पहले भी थोड़ा-बहुत कह चुकी हूं कि बैडमिंटन वैसा खेल नहीं जिसमें आप अकेले बहुत कुछ कर लेंगे। घर पर मम्मी-पापा मेरे पीछे हर वक्त खड़े रहे और कोर्ट में मेरे कोच और फिज़ियोथेरेपिस्ट ने ट्रेनिंग और फिटनेस की सारी ज़िम्मेदारी ली। खेल में आगे बढ़ने के लिए हरेक ने मेरी बहुत मदद की।

मेरे पहले कोच पीएसएस नानी प्रसाद थे। वह एक महान कोच थे। मैंने उनसे एक साल तक ट्रेनिंग ली। सच कहूं तो वह उनलोगों में से पहले ऐसे व्यक्ति थे जिन्होंने मुझे कहा कि एक दिन मैं विश्व की बेहतरीन खिलाड़ी बनूंगी। इस तरह के प्रोत्साहन और विश्वास से काफ़ी प्रेरणा मिलती है। इससे आप अपने बारे में जो कुछ भी सोचते हैं उसको प्रमाणिकता मिलती है। जब मैं उनसे ट्रेनिंग ले रही थी, तब लाल बहादुर स्टेडियम सुबह में सिर्फ़ हमलोगों के लिए खुला रहता था।

इसलिए मम्मी-पापा ने प्रसिद्ध निज़ाम क्लब की सदयस्ता ले ली। यहां बहुत ही शानदार कोर्ट था। मैं वहां शाम को जाती थी और क्लब के कोच मोहम्मद अली से ट्रेनिंग लेती थी। वे मेरे अभ्यास के साथी बन गए और उन्होंने स्ट्रोकों के अभ्यास में काफ़ी मदद

की। मैं बिना छुट्टी किए, हर दिन ट्रेनिंग लेती थी। रविवार को स्टेडियम बंद रहता था तब मम्मी मुझे लेकर आईआरआईएसईटी रेलवे गोल्फ क्लब जाती थीं। यह करीब 50 किलोमीटर दूर सिकंदराबाद में था। सुबह का अभ्यास करने के लिए मेरे क्लब से कुछ प्रशिक्षु वहां भी मिल जाते थे।

दिल्ली में राष्ट्रमंडल खेल 2010 के दौरान नानी सर को कुछ संक्रमण हो गया जिससे वह उबर नहीं पाए और उसी वर्ष उनका आकस्मिक देहांत हो गया। मेरे लिए यह बहुत बड़ा सदमा था। उनके देहांत से निश्चित ही भारतीय बैडमिंटन को क्षति पहुंची।

वर्ष 2001 से लेकर वर्ष 2003 तक मैंने एसएल गोवर्धन रेड्डी और एस मोहम्मद आरिफ सर से ट्रेनिंग ली। एस मोहम्मद आरिफ सर को द्रोणाचार्य पुरस्कार भी मिल चुका है। मेरे स्टेमिना बढ़ाने पर ध्यान केंद्रित करने में उन्होंने मदद की यानी मैं लंबे समय तक खेल पाऊं उसके लिए शक्ति जुटा पाऊं और क्षमता बढ़ा पाऊं आदि। इसके अलावा वह मुझे फिटनेस और आउटडोर ट्रेंनिग भी देते थे। कोर्ट के बाहर मुझे मज़बूत बनाने का श्रेय मैं उन्हीं को दूंगी। इसके साथ-साथ गोवर्धन सर कोर्ट अभ्यास और स्ट्रोक्स के ऊपर इंडोर ट्रेनिंग पर काम करते थे। इन दोनों के बीच, इंडोर कोर्ट ट्रेनिंग और आउटडोर फिटनेस दोनों ही स्तरों पर मैं तालमेल बनाने में कामयाब हो गई। मेरे खेल की मज़बूत बुनियाद रखने में और मुझे इस बात का विश्वास दिलाने में कि मैं बहुत आगे तक जाऊंगी, इन लोगों ने बहुत महत्वपूर्ण भूमिका निभाई। जब मैं अंतरराष्ट्रीय टूर्नामेंटों में खेलने लगी तब मुझे एहसास हुआ कि फिटनेस कितना महत्वपूर्ण होता है और इस पर मुझे अभी कितना काम करना है।

खिलाड़ियों के लिए एक कोच का ओहदा प्रशिक्षक से थोड़ा ज़्यादा होता है। ये लोग बिल्कुल परिवार के सदस्य की तरह होते हैं और हमारे कैरियर के उतार-चढ़ाव को काफ़ी करीब से देखते हैं।

मुश्किल से मुश्किल चुनौतियों के समय ये हमलोगों के साथ होते हैं। किसी भी खिलाड़ी के बेहतर प्रदर्शन में इनकी भूमिका अत्यंत महत्वपूर्ण होती है। जब 12 साल की थी तब मेरी मां के साथ दुर्घटना हो गई और उन्हें सिर में गहरी चोट आई। मैं बहुत घबरा गई थी और मैंने आधी रात को गोवर्धन सर को कॉल किया। कुछ ही मिनटों में वह अस्पताल पहुंच गए। उनके आने से मुझे और मेरे परिवार को काफ़ी भावनात्मक मदद मिली। मां के सिर में आठ टांके लगे, उनकी हालत बहुत नाजुक थी। अगले ही दिन मुझे जूनियर नेशनल खेलने के लिए गुंटूर जाना था और मैं अपने आपको जाने के लिए तैयार नहीं कर पा रही थी। ज़ाहिर है पापा जाने के लिए दबाव डाल रहे थे क्योंकि यहां रुक कर मैं क्या करती। ऐसी स्थिति में मैं अपने परिवार को छोड़कर जाने की सोच भी नहीं सकती थी। गोवर्धन अंकल ने मुझसे पूछा कि मैं क्या करना चाहती हूं। कई घंटों तक वह इंतज़ार करते रहे जब तक मैंने अपने आपको खेलने के लिए मानसिक रूप से तैयार नहीं कर लिया। पापा और गोवर्धन सर ने मुझसे वादा किया कि अगर मैं फाइनल में पहुंची तो वे दोनों भी वहां आएंगे। जब मैं फाइनल में पहुंच गई तो वे दोनों मेरा प्रोत्साहन बढ़ाने के लिए वहां आए। उस दिन और उस टूर्नामेंट को मैं कभी भुला नहीं पाऊंगी। मेरे घर पर ऐसी दुखद घटना होने के बावजूद मैं खेल पाई, पीछे मुड़ कर देखती हूं तो इसे चमत्कार ही समझती हूं। इसका श्रेय मैं अपने कोच को देती हूं जिन्होंने मुझे इसे करने के लिए मज़बूती दी। संयोग से 11 वर्ष नौ महीने बाद उस टूर्नामेंट के फाइनल में पहुंचने वाली मैं सबसे युवा खिलाड़ी थी और यूरोप में आयोजित जूनियर अंतरराष्ट्रीय सर्किट में खेलने के लिए मैं इसी टूर्नामेंट की वजह से चुनी गई।

ऑल इंग्लैंड बैडमिंटन चैंपियन, पुलेला गोपीचंद ने चोट लगने की वजह से वर्ष 2003 में खेल से संन्यास ले लिया। संन्यास लेने

के समय वह सर्किट में सबसे बेहतरीन खिलाड़ी थे। उसके बाद उन्होंने कोच बनने का चुनाव किया। हैदराबाद का होने की वजह से हर कोच उन्हें जानते थे और हम खिलाड़ियों में से ज़्यादातर ने उन्हें प्रशिक्षण के दौरान देख रखा था। सच कहूं तो वर्ष 2002 के जूनियर नेशनल में उनसे मुझे बहुत मदद मिली। उनके कोच बनने के बाद मैं उनसे प्रशिक्षण लेना शुरू किया जिससे मुझे बहुत ख़ुशी हुई। हैदराबाद में बैडमिंटन अकादमी खोलने की योजना वह पहले से ही बना रहे थे। तब तक भारत में प्रकाश पादुकोण बैडमिंटन अकादमी इकलौती बैडमिंटन अकादमी हुआ करती थी जो बंगलौर में स्थित थी। वर्ष 2003 में आंध्र प्रदेश खेल प्राधिकरण ने गोपी सर को गाचीबॉली स्टेडियम में अकादमी चलाने के लिए जगह मुहैया कराने की पेशकश की। हम सभी जो लाल बहादुर स्टेडियम में प्रशिक्षण ले रहे थे गाचीबॉली में स्थानांतरित हो गए। यहां हमलोगों के लिए 10 नए बेहतरीन कोर्ट उपलब्ध कराए गए। गोपी सर की अपनी बैडमिंटन अकादमी भी गाचीबॉली में ही बन रही थी यह देखकर हमलोग काफ़ी उत्साहित थे। वर्ष 2008 में पुलेला गोपीचंद बैडमिंटन अकादमी का उद्घाटन हुआ जिसे बनने में तकरीबन चार साल लगे।

इसी बीच पुलेला गोपीचंद को बैडमिंटन का राष्ट्रीय कोच बनाया गया, तब यहां प्रशिक्षण के लिए पूरे देश से खिलाड़ी आए। यह देखकर सच में बहुत अच्छा लगा जब कई बच्चों ने अकादमी में नामांकन भी कराया। इसका मतलब यह हुआ कि बैडमिंटन की लोकप्रियता बढ़ रही थी और यही हमारे लिए काफ़ी था। पांच एकड़ ज़मीन में अकादमी का निर्माण किया गया था और इसमें आठ अंतरराष्ट्रीय स्तर के कोर्ट बनाए गए थे, जहां मैं अब भी रोज़ाना अभ्यास करती हूं।

जहां तक मैं समझती हूं, दूसरे कोचों की अपेक्षा गोपी सर का स्वभाव ज़्यादा शांत और शालीन है। अपने धैर्य और गुस्से के मामले

में वे बिल्कुल बुद्ध की तरह हैं जो विरले ही हमलोगों में से किसी के गुस्सा पर प्रतिक्रिया देते हैं। वह एक ऐसे कोच हैं जिन्होंने मैंने लंबे समय तक प्रशिक्षण लिया है और उनके साथ मैं काफ़ी सहज महसूस करती हूं। 'तुमने भारत के लिए बहुत अच्छा किया है, तुम हमारा सोना हो,' वह हमेशा ही इस तरह की बातें कह कर मुझे प्रोत्साहन देते हैं। अगर मुझे थकान होती है तो उन्हें पता चल जाता है और उस दिन मेरे प्रति थोड़ी नर्मी से पेश आते हैं, उसी तरह जब उनका मूड ख़राब होता है तो मुझे भी पता चल जाता है।

गोपी सर से प्रशिक्षण शुरू करने के बाद मेरी दिनचर्या बदल गई। उनका अंतरराष्ट्रीय सर्किट में खेलने का अनुभव काफ़ी अहमियत रखता था। खेल के साथ-साथ उन्होंने मेरी फिटनेस और लंबे समय तक टिक पाने की ताक़त पर ध्यान केंद्रित किया। उन्होंने मुझे योग निद्रा जैसी तकनीक से वाकिफ कराया जिससे मुझे अपनी ऊर्जा का स्तर और सकारात्मक सोच को कायम रखने में मदद मिली। मेरी ट्रेनिंग के तौर-तरीके को उन्होंने एक रूप-रंग दिया जिससे मेरे खेलने के अंदाज़ में काफ़ी अंतर आया। मुझे आक्रामक खिलाड़ी बनाने वालों में गोपी सर भी एक हैं। उनके अंतरराष्ट्रीय अनुभवों का मेरे खेल को आकार देने में काफ़ी योगदान रहा। पांच-छह साल तक उनसे ट्रेनिंग लेने के दौरान मैं विश्व की नंबर दो खिलाड़ी बनी जो मैं उनके बिना नहीं बन पाती।

गोपी सर की सबसे अच्छी बात ये थी कि वह हमलोगों के जैसे ही थे, हमारे अच्छे दोस्त थे लेकिन साथ ही साथ वह हमारे कोच और सलाहकार भी थे। अकादमी में जब मैं उनके खिलाफ़ खेलती थी तो वह कभी-कभी काफ़ी आक्रमक हो जाते थे। उन्हें हराना काफ़ी कठिन होता था लेकिन मुझे उकसाने का यह उनका एक तरीका था कि मैं भी उन्हें मुंहतोड़ जवाब दूं और अच्छा खेलूं। वह मेरे गेम को चुनौती देते। इस तरह की ट्रेंनिग सच में मेरे लिए बहुत अच्छी थी।

हालांकि वह अभी भी बिल्कुल युवा हैं लेकिन उन्होंने स्वयं को कोचिंग और हमारे जैसे खिलाड़ियों के लिए समर्पित कर दिया है। मैंने उन्हें न तो परिवार वालों के साथ और न ही अकेले लंबी छुट्टी पर जाते देखा। मेरी तरह वह भी सामान्य रूप से टूर्नामेंट पर जाने के लिए यात्रा करते हैं और खिलाड़ियों के पीछे अपनी नोटबुक के साथ बैठते हैं और हमलोगों के प्रदर्शन पर गहन विचार-विमर्श करते हैं। मोटे तौर पर वह गेम में ही खोए रहते हैं। न बाहर खाना खाते हैं, न ही फिल्म देखते हैं और न ही सप्ताह के अंत में छुट्टी लेते हैं। शायद यही सब कुछ उन्हें एक ऐसे कोच के रूप में स्थापित करता है जिसकी हमारी बैडमिंटन टीम को ज़रूरत है। लेकिन जब हम गेम जीतते हैं तो वह सबसे पहले इसकी ख़ुशी मनाते हैं।

गोपी सर के बारे में बहुत कम लोगों पता है कि वह बहुत अच्छा खाना भी बनाते हैं। इस बात का पता मुझे तब चला जब फ्रेंच ओपन 2011 के दौरान उन्होंने पूरी टीम के लिए स्वादिष्ट चिकन करी बनाई। ट्रेनिंग के दौरान हो या टूर्नामेंट के दौरान, जिस तरह से उन्होंने हमलोगों का ध्यान रखा, हम खिलाड़ी उसकी जितनी प्रशंसा करें वह कम है। आप देख सकते हैं कि किसी खिलाड़ी की ज़िंदगी में एक कोच की अहम भूमिका होती है। ये वही लोग हैं जो हमलोगों को चैंपियन बनाते हैं। हमलोगों को ये काफ़ी करीब से जानते हैं, जैसे-हमलोगों का व्यक्तित्व, परिवार, खान-पान, कमज़ोरी और मज़बूतियां आदि। यह आसान काम नहीं है क्योंकि हर कोच कई खिलाड़ियों का निरीक्षण करता है और उनमें से हरेक को व्यक्तिगत रूप से समझना होता है। वे लोग हमलोगों से ज़्यादा मेहनत करते हैं। अगर खिलाड़ियों को छह बजे सुबह अकादमी पहुंचना होता है तो कोच को उनसे पहले ही पहुंचना पड़ता है। मैंने जिन कोचों के साथ काम किया, वे सब समय पालन को लेकर सख़्त थे। यहां तक कि एक-दो मिनट की देरी भी क्षम्य नहीं होती थी और इसका मैंने हमेशा सम्मान किया है। मैच के दौरान कोच खिलाड़ियों

के पीछे बैठते हैं। मेरे खेलने के समय गोपी सर का पीछे होना ही मेरे लिए बहुत बड़ा आराम का स्रोत होता है। यदि किसी कारण से गोपी सर या कोई अन्य कोच खेल के समय वहां नहीं होते हैं तो उनकी कमी मुझे बहुत ज़्यादा खलती है।

आपमें से ज़्यादातर लोगों के लिए स्कूल आपका दूसरा घर होगा या हुआ करता होगा जहां आप दोस्त बनाते हैं, शिक्षकों से कुछ सीखते हैं। मेरे लिए अकादमी भी कुछ वैसा ही है। अब भी मैं अपना ज़्यादातर समय वहीं बिताती हूं। सच कहूं तो मैं घर से ज़्यादा समय अकादमी में ही बिताती हूं। जब मैं टूर्नामेंट में नहीं खेल रही होती हूं तब मैं छह बजे सुबह ही अकादमी पहुंच जाती हूं और सारा दिन यहीं बिताती हूं। ये वो जगह है जहां मेरे कोच, मेरे फिज़ियो और मेरे संगी-साथी होते हैं। ये लोग मेरा परिवार हैं। मैं उन्हें रोज़ देखती हूं, उनके साथ यात्रा करती हूं, अपनी जीत की खुशी उनके साथ बांटती हूं। जब मैं खेल रही होती हूं तो मुझे पता होता है कि कैफेटेरिया में टेलीविज़न ऑन है और हर कोई मुझे देख रहा है, और यदि मैं गेम हार जाती हूं तो यह कैसा एहसास होता है, ये उन्हें भी पता होता है। हमलोग भारत के लिए साथ-साथ खेलते हैं और देशभक्ति की भावना से हमलोग ओत-प्रोत रहते हैं। हमलोग स्वतंत्रता दिवस और गणतंत्र दिवस नहीं मना सकते हैं लेकिन हमलोगों को इसकी ट्रेनिंग मिलती है ताकि बाद में हमलोग देश का नाम ऊंचा कर सकें।

हमारी अकादमी देश में सबसे बेहतर अकादमी है क्योंकि यह बेहतरीन कोर्ट और विश्वस्तरीय सुविधाओं से लैस है। मेरे लिए यह कई मायनों में घर जैसा है और मुझे यहां आना अच्छा लगता है।

मेरे प्रशिक्षण कार्यक्रम

जब मैं हैदराबाद मे होती हूं तो अपना ज़्यादा से ज़्यादा समय अकादमी में ही बिताती हूं। अपनी फिटनेस के लिए हो या गेम के लिए, मैं वहां रोज़ाना तकरीबन सात घंटे बिताती हूं। मैं सुबह छह बजे ही घर से निकल जती हूं। शुक्र है कि अकादमी मेरे घर से दस मिनट की दूरी पर है। छह बजे से साढ़े नौ बजे तक मैं फुर्ती, सहनशक्ति और स्टेमिना बनाने पर काम करती हूं। ये थोड़ा बहुत जिम में जाने जैसा ही है लेकिन ये थोड़ा लंबे समय तक चलता है और कठिन होता है। इन तीन घंटों के दौरान मैं खूब स्किपिंग करती हूं, दौड़ लगाती हूं, शैडो व्यायाम करती हूं और सीढ़ियां चढ़ने-उतरने का अभ्यास करती हूं। अपनी स्टेमिना को बनाए रखने के लिए ये सब करना बेहद ज़रूरी होता है ताकि मैं कोर्ट में डेढ़ घंटे टिक सकूं, एक गेम खेलने के लिए जिसकी मुझे सख़्त ज़रूरत होती है।

मैं साढ़े नौ बजे एक घंटे का ब्रेक लेती हूं और नाश्ता करने के लिए सीधे कैफेटेरिया जाती हूं। दिन के खाने के ब्रेक से पहले भी मैं साढ़े ग्यारह से साढ़े बारह बजे तक थोड़ा व्यायाम करती हूं।

दोपहर में फिर व्यस्तता बढ़ जाती है। चूंकि मैं साढ़े तीन बजे से अपना प्रशिक्षण फिर से शुरू करती हूं, इसलिए अकादमी में खिलाड़ियों को दिए गए कमरे में जाकर थोड़ी झपकी मार लेती हूं। उसके बाद तीन घंटे तक कोर्ट में अपने गेम का अभ्यास करती हूं। कभी-कभी हमलोग अभ्यास छोड़ देते हैं। इस दौरान कोच 15-20 शटल एकत्रित करते हैं और मुझे लगातार सर्व करते है। इन सभी सर्विस को मुझे खेलना होता है। इस दौरान हमलोग

हज़ारों शटल से अभ्यास करते हैं और यह बिना ब्रेक के चलता रहता है।

कभी-कभी मुझे अन्य खिलाड़ियों के साथ ट्रेन किया जाता है तब या तो हमलोग डबल्स खेलते हैं या एक खिलाड़ी, दो या तीन खिलाड़ियों का सामना करता है। इस तरह से खेलना काफ़ी मज़ेदार होता है क्योंकि आपको बिल्कुल भी पता नहीं होता है कि कौन खिलाड़ी मारेगी और किस दिशा में मारेगी। इससे आप काफ़ी सावधान रहते, अपने पैरों पर डटे रहते हैं और शटल पर निगाहें गड़ाए रखते हैं। हमलोग एक अलग प्रकार की ट्रेनिंग करते हैं जिसे एम्युज़्मेंट ट्रेनिंग कहा जाता है। जैसाकि नाम से ही साफ़ है, इसे खेलने में काफ़ी हंसी आती है। इस अभ्यास के लिए हमलोग करीब दस से बारह खिलाड़ी एकत्रित होते हैं और कोर्ट के चारों ओर घेरा बना लेते हैं। अब एक खिलाड़ी सर्व करके इसकी शुरुआत करता है और अपनी जगह से हट जाता है। तबतक दूसरे खिलाड़ी को नेट की दूसरी ओर दौड़कर जाना होता और उसे वापस मारना पड़ता है। इसी बीच तीसरे खिलाड़ी को पहले खिलाड़ी की जगह लेकर वापस मारना होता है। चौथे खिलाड़ी को दूसरे खिलाड़ी की जगह लेनी होती है। इसी तरह ये आगे बढ़ता है। अगर आप शटल को वापस मारने में सफल नहीं हो पाते हैं तो आप खेल से बाहर हो जाते हैं। मोटे तौर पर इसमें सभी खिलाड़ियों को शटल की गति से तेज़ दौड़कर मारना होता है। यह बहुत ही रोमांचक होता है।

कभी-कभार हमलोग फुटबॉल भी खेलते हैं, तैराकी भी करते हैं, लंबी दूरी की दौड़ और क्रॉस-कंट्री दौड़ लगाते हैं। दूसरे दिन जिम जाकर वज़न उठाते हैं। अकादमी में कभी भी हमलोगों का समय बेकार नहीं गुज़रता है। अन्य खिलाड़ियों के साथ ट्रेनिंग लेने से प्रदर्शन में बहुत फ़र्क़ पड़ता है। हमलोग आपस में लड़ते

हैं, एक दूसरे पर हंसते हैं, छेड़छाड़ करते हैं और मेहनत से खेलते हैं ।

मैं अपनी ट्रेनिंग को कभी नागा नहीं करती हूं, मैं इसे बहुत गंभीरता से लेती हूं। इसका मैं बहुत ज़्यादा आनंद लेती हूं जो मुझे एक बेहतर खिलाड़ी बनाता है। थकान या सुस्त पड़ने का कोई बहाना यहां नहीं चलता है।

बुधवार और शनिवार के दिन मैं सिर्फ़ सुबह में ट्रेनिंग लेती हूं। रविवार को मुझे ट्रेनिंग से छुट्टी मिलती है। खाली इसी दिन मैं अपने आपको ब्रेक लेने के लिए अनुमति देती हूं और मैं सुबह देर से उठती हूं।

पांच

मैच से पहले का समय बहुत ही डरावना होता है। मैं कुछ सप्ताह पहले से ही इसकी तैयारी में जुट जाती हूं और मैच से पहले की रात तो हमेशा ही महत्वपूर्ण होती है। मैच शुरू होने के एक घंटा पहले से ही मैं शरीर को गर्माहट देने लगती हूं। मैं विज़ुअल व्यायाम खूब करती हूं जिसमें यह योजना बनाती हूं कि कोर्ट में जाकर कैसे खेलना है, पहले की गई ग़लतियों को दुरुस्त करती हूं और इसी तरह की बातों पर ध्यान देती हूं। इन व्यायामों को करने बाद मुझे पता चला कि विरोधी खिलाड़ियों की क्षमता से पैदा हुए किसी भी तरह के डर का सामना करने में समर्थ हो जाती हूं। मुझे बस विश्वास होना चाहिए कि मैं जीत सकती हूं, इससे कोई फ़र्क़ नहीं पड़ता है कि सामने कौन खिलाड़ी है। इसके लिए विज़ुअल व्यायाम काफ़ी फायदेमंद है। मेरा सलाह है कि आपलोग भी इसे अपनी परीक्षा या मैच या फिर किसी अन्य प्रदर्शन के पहले कर सकते हैं। लेकिन ये सब किसी के मार्गदर्शन में करने से अच्छा होता है। मैंने गोपी सर के मार्गदर्शन में अलग-अलग तरह के विज़ुअल व्यायाम किए जिसका हमलोगों पर अच्छा प्रभाव रहा।

कोर्ट में जाने से पहले मुझे बहुत ज़्यादा तनाव होता है। मेरा दिल ज़ोर से धड़कने लगता है और मेरे हाथ थरथराने लगते हैं। यही वह पल है जिससे मुझे सदा के लिए प्यार है। अपने नाम की पुकार सुनने तक मुझे इंतज़ार करना होता है और फिर उसके बाद मैं कोर्ट में जाती हूं। हमेशा की तरह 'सायना नेहवाल फ्रॉम इंडिया' पुकारा जाता। इतने सालों के बाद भी इसे सुनते-सुनते मैं थकी नहीं हूं।

मैं भारत की सायना नेहवाल हूं और भारत से खिलाड़ी होना मुझे परिभाषित करता है कि मैं कौन हूं। मैं अपने माता-पिता, अपने कोच और अपने देश के लिए खेलती हूं। मुझे लगता है कि देशभक्ति की भावना काफ़ी हद तक मैं कौन हूं जैसे एहसास का हिस्सा है। और मुझे यकीन है कि हर खिलाड़ी, जो भारत के लिए खेलता है, मेरी बात से सहमत होगा। मैं जब खेलती हूं तो मेरी टी-शर्ट पर भारतीय तिरंगा बना होता है, उस समय ये कभी नहीं भूलती हूं कि मैं अपने देश के लिए खेल रही हूं। जब मैं टीम के साथ किसी टूर्नामेंट पर जाती हूं या राष्ट्रमंडल और ओलंपिक जैसे आयोजन में एक साथ होती हूं तो हमलोगों में दोस्ती का भाव होता है। मैं गर्व के साथ कह सकती हूं कि उस वक्त हम सब ग़रीबी, अमीरी, जात-पात का भेद-भाव भूल जाते हैं, सभी सीमाएं गायब हो जाती हैं और हमलोग खेलने के लिए एक साथ होते हैं।

भारत के लिए खेलने वाले अधिकतर बैडमिंटन खिलाड़ी गोपीचंद एकेडमी में प्रशिक्षित होते हैं। टीम इंडिया के लिए खिलाड़ियों का चयन दो बातों पर निर्भर करता हैः एकल खिलाड़ी के लिए वर्तमान नेशनल चैंपियन, दूसरे और तीसरे स्थान पर रहने वाले खिलाड़ी और ऐसे खिलाड़ी जिनका अंतरराष्ट्रीय रैंक अच्छा हो। इस तरह से पुरुष और महिला एकल, युगल और मिश्रित युगल वर्गों में तीन-तीन खिलाड़ी होते हैं। करीब 15 नेशनल खिलाड़ियों का चयन किया जाता

हैं जिसे नेशनल कोच के कैंप में शामिल होना होता है। कोच दल में राष्ट्रीय कोच, उनकी सहायता के लिए एक-दो अंतरराष्ट्रीय कोच, एक डबल्स कोच और एक महिला कोच शामिल होते है। उसके बाद हमारे फिज़ियोथेरेपिस्ट होते हैं, जिन्हें हमारी चोट, ज़ख़्म आदि के अलावा फिटनेस का ध्यान रखना होता है। वर्ष 2003 में जब मैं सीनियर नेशनल की नंबर तीन खिलाड़ी थी तब मुझे नेशनल टीम में जगह मिली। तब से मैं इस टीम का हिस्सा हूं इसकी एक ही वजह है कि मुझे राष्ट्रीय स्तर पर जीत मिलती रही या अंतरराष्ट्रीय स्तर पर टॉप की खिलाड़ी बनी रही। यहां मैं एक बात ज़रूर कहना चाहूंगी कि महिला एकल खिलाड़ी के तौर पर लगातार नौ सालों तक राष्ट्रीय टीम का हिस्सा रहना आज तक एक रिकार्ड है और मुझे इस पर फ़ख़्र है।

हमलोग टूर्नामेंट में दो तरह के मैच खेलते हैं: एकल इवेंट और युगल इवेंट। ये हमलोगों के ऊपर निर्भर करता है कि कौन सा गेम खेलना है। मैं केवल एकल इवेंट में हिस्सा लेती हूं। हालांकि मैंने युगल इवेंट में भी अपनी क़िस्मत आज़माई है, लेकिन मुझे ऐसा लगा कि मैं अन्य खिलाड़ी के साथ जोड़ी बना कर नहीं खेल सकती हूं। दूसरे खिलाड़ियों के कहने पर वर्ष 2004 में सिंगापुर के दौरे पर मैंने मिश्रित युगल में खेलने की कोशिश की थी। हमलोग क्वार्टर-फाइनल में पहुंच तो गईं लेकिन इसमें मुझे मज़ा नहीं आया। कुछ समय के लिए मैंने कनाडा की एना राइस के साथ युगल खेला, जो मेरी अच्छी मित्र हैं। इसमें हालांकि हमलोगों ने अच्छा किया लेकिन मैं इसे जारी नहीं रखा। मुझे अपने खेल में जीतना पसंद है और इसके लिए एकल मैच के जैसा और कुछ भी नहीं है।

अंतरराष्ट्रीय टूर्नामेंटों में खेलने के लिए तकरीबन बीस से अट्ठाइस बेहतरीन खिलाड़ियों को बिना क्वालिफिकेशन राउंड के

सीधा प्रवेश मिलता है। अन्य खिलाड़ियों को तीन क्वालिफिकेशन राउंड से गुज़रना होता है। प्रतियोगिता का यह चुनौतियों से भरा हिस्सा होता है। इस टीम इवेंट में खेलते समय मैं ज़्यादा दबाव महसूस करती हूं।

भारत के पास अभी भी पर्याप्त टॉप खिलाड़ी नहीं हैं जिससे क्वालिफिकेशन राउंड पास करने में मदद मिल सके। जबकि चीन, इंडोनेशिया, मलेशिया और कोरिया जैसे देशों में ऐसा नहीं है। इन देशों के अनुभवी खिलाड़ियों और नए खिलाड़ियों में बहुत अच्छा संतुलन होता है। क्योंकि इन देशों में आमतौर पर किसी एक खिलाड़ी के ऊपर पूरा दारोमदार नहीं होता है। मुझे लगता है कि मुझसे ये उम्मीद की जाती है कि मैं ही टीम की नैया पार लगाऊंगी, अगर मैं हार जाती हूं तो हम सब हार जाते हैं। हालांकि नए खिलाड़ियों के आने से धीरे-धीरे यह धारणा बदल रही है लेकिन अबतक इससे निबटना काफ़ी मुश्किल भरा रहा है। मीडिया में रिपोर्ट आती है, 'सायना के रहने के बावजूद, टीम की हार हुई' जो हमेशा ही गैरवाजिब होती है। जब हमलोग टीम इवेंट में खेलते हैं तो उसमें जीतने की ज़िम्मेदारी सिर्फ़ एक खिलाड़ी की नहीं होती है। लेकिन इस बात को समझने के लिए कोई तैयार नहीं होता है। भारत में बैडमिंटन का खेल अभी भी अपनी युवावस्था में है। सिर्फ़ हमारी पीढ़ी के खिलाड़ियों ने ही विश्वस्तरीय सुविधाओं को देखा है। अच्छे खिलाड़ियों को तैयार करने में अभी कुछ साल और लगेंगे तब तक हमलोग कुछ टूर्नामेंट जीतते रहेंगे। हर टूर्नामेंट में हमलोग थोड़ा-थोड़ा खिसक रहे हैं। हर मैच में प्रगति कर रहे हैं और विरोधी खिलाड़ियों को आसानी से जीतने नहीं दे रहे हैं। और यही बात मीडिया नहीं समझ पा रहा है जब वह कहता है, 'शुरुआती दौर में ही भारत की हार'।

लेकिन कभी-कभी क्वालिफिकेशन राउंड निकल जाना ही राहत भरा होता है। शुरुआती दौर का मैच नए खिलाड़ियों के विरुद्ध खेलना

होता है जो 15 मिनट से ज़्यादा नहीं चलता है। इस राउंड को खेलने में मुझे बहुत मज़ा नहीं आता है, क्योंकि किसी भी टूर्नामेंट में आपको वहां के कोर्ट और कंडीशन के बारे में भली-भांति जानना ज़रूरी होता है और 15 मिनट के खेल में यह जान लेना नामुमकिन होता है। अगर आरंभिक राउंड इतने ही समय में ख़त्म हो जाता है तो अगला राउंड चुनौतियों से भरा होता है।

सामान्य रूप से एक मैच कम से कम एक घंटे में ख़त्म होता है। हांगकांग ओपन 2010 के फाइनल में मैंने अब तक का सबसे लंबा मैच खेला था। इसमें वांग शिज़ियान को हराने में मुझे एक घंटा इक्कीस मिनट का समय लगा। इसमें जीतने के पहले हमलोगों ने कठिनाइयों से भरे तीन लंबे-लंबे सेट खेले। अब आप समझ गए होंगे कि फिटनेस का स्तर ऊंचा रखना क्यों महत्वपूर्ण होता है। बिना रुके लगातार कोर्ट पर डेढ़ घंटे तक इधर से उधर दौड़ते रहना और शटल पर निगाहें जमाए रखना और अपना बेहतरीन स्ट्रोक खेलना। परिणाम क्या निकलेगा इसका कयास खेल के दौरान हमलोग नहीं लगा सकते। यह ज़रूरी नहीं कि लंबे समय तक चलने वाला मैच मेरे पक्ष में होगा। मैंने 20-23 के बहुत ही कम अंतर से मैच जीता भी है और मैं 11-3 या 19-10 से आगे होने बावजूद मैच हार भी गई हूं।

मेरे पसंदीदा बैडमिंटन खिलाड़ी

विश्व में सबसे बेहरीन खिलाड़ी चीन में हैं, इसे मानना होगा। पुरुष खिलाड़ियों में लिन डेन की मैं प्रसंशक हूं। वर्ष 2010 में उन्होंने अपना पांचवां ऑल इंग्लैंड बैडमिंटन चैंपियनशिप जीता। वास्तव में यह एक बड़ी उपलब्धि है। वे इकलौते बैडमिंटन खिलाड़ी हैं जिन्हें लगातार दो बार ओलंपिक में स्वर्ण पदक मिला है और विश्व के सभी नौ नामी-गिरामी टाइटल भी जीत चुके हैं।

वांग शिज़ियान और **वांग यिहान,** ये दोनों महिलाएं साहस तोड़ देने वाला खेल खेलती हैं और बहुत ही ख़तरनाक हैं। ये दोनों खिलाड़ी हर एकल गेम जीतने पर आमादा रहती हैं और मानसिक रूप से इस तरह का दृढ़ निश्चय किए हुए खिलाड़ियों को हराना बहुत कठिन होता है। उनके विरुद्ध खेलने में मज़ा आता है क्योंकि वे दोनों मुझे चुनौतियों से भरा गेम खेल खेलने का मौक़ा देते हैं, खासकर वॉग यिहान से।

मेरे पसंदीदा कुछ अन्य बैडमिंटन खिलाड़ी

प्रकाश पादुकोणः इस गेम में भारत को विश्व नंबर एक का स्वाद चखाने वाला बनकर उन्होंने बहुत बड़ा काम किया। वह ऑल इंग्लैंड चैंपियन रहे और उस समय अगर ओलंपिक में यह गेम खेला जाता तो शायद वहां भी उन्हें स्वर्ण पदक मिलता। अंतरराष्ट्रीय स्तर पर देश के बैडमिंटन खिलाड़ियों का द्वार खोलने लिए उनके ऋणी रहेंगे।

पुलेला गोपीचंदः मेरे कोच, गोपी सर गेम में ताज़गी लाए। टॉप के खिलाड़ी बनने के लिए उन्होंने बहुत ही आक्रामकता और मेहनत से खेला। अगर वह चोटिल नहीं होते तो शीर्ष स्थान पर लंबे

समय तक आसानी से राज करते। मेरे जैसी खिलाड़ियों ने उनसे अंतरराष्ट्रीय स्तर का खेल सीखा है। उनका यह अनुभव हमलोगों के लिए अनमोल है।

अपर्णा पोपटः इसमें कोई शक नहीं कि भारत के बेहतरीन बैडमिंटन खिलाड़ियों में से वे एक थीं। मैं एक खिलाड़ी के नाते उनका बहुत सम्मान करती हूं लेकिन उससे भी ज़्यादा एक व्यक्ति के तौर पर। टूर्नामेंट के दौरान अपने आपको संभालना, गेम जीतने पर ध्यान केंद्रित करना और इसे गंभीरता से लेना आदि, उनकी इन सभी बातों को मैं देखती आई थी। अपर्णा मेरी जैसी किसी युवा नवोदित खिलाड़ी की प्रेरणा की स्रोत थीं। इंडियन नेशनल चैंपियनशिप में उन्होंने दस बार जीत दर्ज़ की। इसमें तीन बार, वर्ष 2004, 2005 और 2006 में मुझे ही हरा कर जीत हासिल की।

तौफीक हिदायतः इंडोनेशिया का यह ओलंपिक चैंपियन खेल को बहुत आसान बनाते हैं। लेकिन मुझे पता है कि यह इतना असान नहीं है। वे बहुत प्यारे दिखते हैं जिससे उन्हें कोर्ट पर देखना अच्छा लगता है। इसका फ़ायदा भी होता है।

लि चोंग बीः मलेशिया के इस खिलाड़ी को आप हल्के में नहीं ले सकते है। वर्ष 2012 में उन्होंने ऑल इंग्लैंड चैंपियनशिप फाइनल्स खेला और ओलंपिक के फाइनल में उनका मुकाबला लीन डेन से हुआ। और उन्होंने उन्हें बराबरी की टक्कर दी।

टीने बॉनः डेनमार्क की यह खिलाड़ी कोर्ट पर ख़तरनाक उपस्थिति दर्ज कराती है। छह फुट लंबी यह खिलाड़ी अपने स्मैश शॉट के लिए जानी जाती है। वर्ष 2008 और 2010 में टीने दो बार ऑल इंग्लैंड चैंपियन रही हैं। वर्ष 2010 के इसी आयोजन में मैं उनसे सेमीफाइनल में हार गई थी। 21-19, 21-19 के बहुत ही कम

अंकों के अंतर से मैं हार गई थी। हालांकि इसके बाद ओलंपिक 2012 में मैं उनसे जीती भी हूं। एक खिलाड़ी के नाते मैं उनका बहुत सम्मान करती हूं।

ट्रेसी हॉलमः मेलबोर्न राष्ट्रमंडल खेल 2006 में मैं उनके ख़िलाफ़ खेली। इंग्लैंड की रहने वाली इस चैंपियन ने उस साल का स्वर्ण पदक जीता, लेकिन मुझे कहते हुए ख़ुशी हो रही है कि उसी साल, उसी टूर्नामेंट में मैंने उनको कुछ मैचों में हराया भी था।

इसके आलावा मैं लु लान, ज्यांग निंग, जी जीनफांग और लि लि का बहुत सम्मान करती हूं। **लु लान**—वर्ष 2009 की विश्व चैंपियन हैं। **ज्यांग निंग**— ओलंपिक 2004 और 2008 में महिला बैडमिंटन की स्वर्ण पदक विजेता, **जी जीनफांग**—तीन बार का ऑल इंग्लैंड चैंपियन और 2008 के ओलंपिक में ज्यांग निंग से हार कर रजत पदक जीता। **लि लि**—सिंगापुर की लि लि जिसने राष्ट्रमंडल खेल 2002 में ट्रेसी हॉलम को हराकर स्वर्ण पदक जीता।

छह

अगर आप छुट्टियों पर हों तो घूमना-फिरना किसी मस्ती से कम नहीं, लेकिन मेरे लिए कहीं आना-जाना भी खेल के लिए ही हुआ करता था। शुरू-शुरू में यह काम काफ़ी रोमांच पैदा करने वाला रहा। उन दिनों मेरा विदेश आना-जाना भी नहीं हुआ करता था। साल 2003 में चेक टूर्नामेंट के बाद हमने और तीन टूर्नामेंट खेले। साल 2004 में भी विदेशों में दो-तीन टूर्नामेंटों का मौका मिला। लेकिन साल दर साल वरिष्ठता के क्रम में जैसे-जैसे मैं उपर उठती गई, मुझे ज़्यादा से ज़्यादा विदेशों में मौके मिलते चले गए। आज की स्थिति यह है कि खेल मेरी ज़िंदगी का एक अहम हिस्सा बन पड़ा है। अब तो घर और एयरपोर्ट के बीच की सड़कों पर ज़्यादा से ज़्यादा भागना हुआ करता है। विदेशों में जो भी टूर्नामेंट हों, उनके लिए दिल्ली एयरपोर्ट से ही जाते हैं, इसलिए घर से वहां तक की यात्रा कुछ और लंबी हो जाया करती है। जहाज़ के अंदर मन लगाने के लिए या तो मूवी, मैच या कार्टून देखती हूं या फिर एंग्री बर्ड्स गेम खेलती हूं। आजकल आईपैड ने तो कमाल ही कर रखा है क्योंकि टाइमपास का इससे अच्छा कोई ज़रिया नहीं हो सकता, सो मैं इसी से ज़्यादातर

चिपकी रहती हूं।

अकेले मेरी पहली विदेश यात्रा सोलह साल की उम्र में हुई थी। इंटरनेशनल सर्किट पर वह मेरा तीसरा साल था, तब के बाद मैं हमेशा अपनी टीम के साथ ही विदेश यात्रा पर जाती रही हूं। लेकिन चीन के ग्वांगझाउ में एक छोटे प्रशिक्षण कार्यक्रम के लिए मुझे अकेले ही जाना पड़ा था। इस यात्रा को मित्तल चैंपियंस ट्रस्ट ने प्रायोजित किया था। चीन की विदेश यात्रा इतनी महंगी थी कि मैं अपने साथ मम्मी-पापा को नहीं ले जा सकी। विदेश यात्रा पर अकेले जाना थोड़ा मुश्किल काम है और सच कहूं तो मेरे लिए यह थोड़ा परेशान करने वाला भी रहा। शुरू-शुरू में तो लोगों को यह कहना भी मुश्किल जान पड़ रहा था कि मैं एक खिलाड़ी हूं। इमीग्रेशन लाइन का डर भी कहीं न कहीं मन में बैठा जा रहा था। लेकिन एयरपोर्ट के प्रवेश द्वार पर मेरी अगवानी की जाती और होटल में पहुंचने के बाद तो सब कुछ सामान्य सा हो जाता। विदेश यात्रा से लौटने के बाद इमीग्रेशन लाइन इतनी लंबी हुआ करती कि सबसे पहले मुझे इसका आदी हो जाने के ख़्याल आने लगा। इसमें वैसा कुछ बुरा तो नहीं था लेकिन इंतज़ार करना पड़ता कि कब मेरी बारी आएगी। मुझे वे सारे वाकए भी याद हैं जब इमीग्रेशन अधिकारी कई तरह के सवाल पूछते और बार-बार मेरा चेहरा झांकते कि पासपोर्ट पर लगा फोटो मेरा ही है न। इसके बाद मैं अपना सामान लेती और घर के लिए निकल पड़ती। ऐसी यात्राएं अब मुझे ज़्यादातर अकेले ही करनी पड़ती थीं, इसलिए वापस घर पहुंचने के बाद मुझे ऐसा लगता कि जैसे मैंने कोई बड़ी बाज़ी मार ली हो। यह दास्तान मेरी पहली यात्रा की है।

साल 2008 में मास्टर्स सुपर सीरीज़ के लिए मैं अकेले शंघाई गई। उस दौरान मैं वहां पांच दिन रही और तब मेरी रूममेट कनाडा की खिलाड़ी एना राइस थीं। वह वरिष्ठ भी थीं और अनुभवी खिलाड़ी भी।

शुक्र है कि हम दोनों में सबकुछ ठीक रहा। राइस मेरे लिए काफ़ी मददगार साबित हुईं जिन्होंने मुझे घर की याद की बीमारी से मुक्ति दिलाई। किसी शाम जब मैं हिंदी सिनेमा देखती तो वह भी मेरे साथ शामिल हो जाया करतीं। उस यात्रा के दौरान सबसे ज़्यादा मुश्किल भोजन को लेकर हुई। उस वक्त मैं शाकाहारी थी और चीन जैसे देश में शाकाहार ढूंढ़ पाना अपने आप में बहुत बड़ी बात है। स्थिति यह हो गई कि मेरा ज़्यादा समय कुछ भोजन ढूंढ़ने के प्रयास में ही गुज़रता।

संयोग यह रहा कि मैं और एना लगातार संपर्क में रहे और बाद में हम दो साल के लिए डबल्स पार्टनर भी बने रहे। हमारे बीच सबकुछ अच्छा रहा, साथ-साथ हम अच्छा खेलते भी रहे। दिल्ली राष्ट्रमंडल खेल 2010 में मेरे ख़िलाफ़ एना का वह अंतिम मैच रहा जिसमें मैं सम्मानित की गई। मैं मैच तो जीत गई लेकिन एना को मैंने कभी विरोधी खिलाड़ी के रूप में नहीं देखा।

साल 2008 में मैं हांगकांग और डेनमार्क अकेले गई। हरेक दौरे पर मैं कुछ सामान्य होती चली गई लेकिन घर की याद वाली बात तब भी मुझे परेशान करती रहती। दिन में कई बार मैं मम्मी-पापा को फोन करती, इस कारण मेरा फोन बिल उस साल बहुत ज़्यादा आया। लगभग एक-एक लाख का बिल दो बार आया। बाद में मैंने महसूस किया कि मुझे कोई स्थानीय सिम कार्ड लेना चाहिए ताकि मेरा फोन बिल उतना नहीं आए। लेकिन इन बातों को धीरे-धीरे मैं महसूस करती चली गई और समय के साथ सबकुछ सीखती गई।

मुझे लगता है कि मेरे आगे बढ़ने में यात्राओं ने सबसे बड़ी भूमिका निभाई है और इसी ने मुझे ज़िम्मेदारी लेना भी सिखाया। मुझे ख़ुद क्या करना है देश-विदेश की यात्राओं ने ही सिखाया। सबसे बड़ी बात यह कि अपने माता-पिता के साथ न रहते हुए भी मैंने अपने खेल पर ख़ुद को पूरी तरह से केंद्रित किया। लेकिन मुझे सबसे

ज़्यादा ख़ुशी तब होती जब मेरे साथ पापा होते। फोन के बिल तो कम आते ही, उनके आसपास रहने से मुझ में काफ़ी अंतर भी झलकता।

साल 2006 के बाद मेरे विदेशी टूर्नामेंटों की संख्या बढ़ती चली गई, इस कारण मेरी यात्राओं में भी बढ़ोतरी हुई। हालांकि ऐसी यात्राएं ज़्यादातर एशिया और यूरोप के बीच ही रहीं। हरेक साल मुझे मलेशिया, इंडोनेशिया, चीन और कोरिया की दो-दो बार यात्रा करनी पड़ी। सिंगापुर, जापान, थाइलैंड, ताइवान, हांगकांग और मकाउ साल में कम से कम एक बार तो जाना ही पड़ता। साल के बाकी बचे महीनों में मुझे फ्रांस, डेनमार्क, स्विट्ज़रलैंड और जर्मनी जाना होता। ऐसी यात्राएं हमेशा ग्लैमर से भरी नहीं हुआ करती थीं और कभी-कभी तो मुझे इससे भारी मुश्किल भी होती। लंबी दूरी की हवाई उड़ान, काफ़ी देर तक जहाज़ में बैठने से थकान हो जाया करती, खासकर तब जब कई फ्लाइटें बदलनी होतीं। आराम और प्रशिक्षण के लिए ज़्यादा समय नहीं मिल पाता था। साथ ही सोने के लिए भी समय की कमी पड़ जाती। मैदान पर मैच खेलती और सीधा होटल लौट जाती। मेरा विशेष ध्यान भोजन पर होता, खासकर थाई व्यंजन पर। ऐसे में मुझे अपने डाइट पर भी ध्यान देना पड़ता था क्योंकि विदेश की यात्राओं पर सारा रूटीन अस्त-व्यस्त रहता। कोई मैच जीतने के बाद इसका जश्न आइसक्रीम खाकर मना लिया करती थी, इसके बाद तुरंत अपना सामान पैक करती और या तो घर के लिए रवाना होती या फिर अगले टूर्नामेंट के लिए। मेरी स्थिति यह हो जाती कि इसके अलावा मेरा ध्यान कहीं भी घूमने-फिरने पर होता ही नहीं क्योंकि इसके लिए मेरे पास समय बिल्कुल ही नहीं होता।

साल भर के टूर्नामेंट की सूची

- जनवरी में मलेशिया सुपर सीरीज़ और कोरिया प्रीमियम

सुपर सीरीज़

- फरवरी में उबेर कप और सुदिरमन कप
- मार्च में ऑल इंग्लैंड बैडमिंटन चैंपियनशीप और स्विस गोल्ड ग्रां प्री
- जून में इंडोनेशिया सुपर सीरीज़, सिंगापुर सुपर सीरीज़ और थाइलैंड गोल्ड ग्रां प्री
- अगस्त में डेनमार्क सुपर सीरीज़ और फ्रांस सुपर सीरीज़
- सितंबर में चाइनीज़ ताइपेई और जापान सुपर सीरीज़
- अक्टूबर में चीन सुपर सीरीज़
- नवंबर में हांगकांग सुपर सीरीज़ और मास्टर सुपर सीरीज़

इन टूर्नामेंट में खेलने के लिए मुझे पहले चयनित होना पड़ता था। चयन वरीयता क्रम के आधार पर होता और इसके लिए बैडमिंटन एसोसिएशन ऑफ़ इंडिया (बीएआई) ने मेरा नाम ऐसे आयोजनों के लिए आगे बढ़ाया और प्रवेश शुल्क के तौर पर 250 अमेरिकी डॉलर भी चुकाए। बीएआई एक राष्ट्रीय संस्था है जो यह तय करती है कि टूर्नामेंट में किसे भाग लेना है। अगर किसी कारणवश या फिर चोट की स्थिति में मुझे टूर्नामेंट में हिस्सा नहीं लेना होता तो इसके लिए पहले ही बीएआई को सूचित कर देना होता ताकि वह मेरा नाम आगे न बढ़ाए।

कुछ साल तक इस तरह के टूर्नामेंट में खेलने का ऐसा ही सिलसिला चलता रहा। टूर्नामेंट से लौटने के बाद दिमाग़ में हमेशा यह बात बनी रहती कि पिछले खेल की तुलना में अगले मैच में कैसे अच्छा प्रदर्शन करना है या फिर पिछली जीत को कैसे बनाए रखना है। ये सारे टूर्नामेंट इस कदर सम्मानित रहे कि उनमें हिस्सा लेने वाली बात ही मेरे अंदर रोमांच पैदा करती रहती। इसके अलावा हरेक चार साल पर आयोजित होने वाले ओलंपिक, राष्ट्रमंडल खेल और एशियन गेम में भी मैं भारत का प्रतिनिधित्व करती रही।

मेरी इन बातों से पाठकों को ऐसा लग सकता है कि मैंने सिर्फ़ अंतरराष्ट्रीय टूर्नामेंट में ही हिस्सा लिया और देश के खेल आयोजनों से मैं दूर रही। कुछ हद तक बात सही भी है क्योंकि देश में मैंने बहुत ज़्यादा हिस्सा नहीं लिया। हालांकि अपने स्पॉन्सरों के आग्रह पर मैंने इंडियन नेशनल चैंपियनशिप में खेलने का प्रयास किया था। स्पॉन्सरों के लिए यह अहम आयोजन है क्योंकि देश के युवाओं में बैडमिंटन के प्रति दिलचस्पी बढ़ाने के लिए यह सही प्रयास हो सकता है। अगर उसी वक्त पर मुझे किसी टूर्नामेंट में हिस्सा नहीं लेना होता तो मैं हमेशा उन आयोजनों में भाग लेने की इच्छा रखती हूं।

पसंदीदा शहर

मेरे ज़्यादातर टूर्नामेंट दक्षिण-पूर्व एशिया क्षेत्र में हुए हैं जहां बैडमिंटन को पसंदीदा खेल का दर्जा प्राप्त है। इसलिए इसमें कोई अचरज की बात नहीं कि इसी क्षेत्र के शहर मेरे पसंदीदा शहर रहे हैं। हालांकि इधर मेरा खूब आना जाना हुआ लेकिन घूमने के लिहाज से मैं कभी इसमें शामिल नहीं हुई। हमारा कार्यक्रम इतना व्यस्त होता कि खेल के अलावा इधर-उधर का मौका ही नहीं मिल पाता। बावजूद इसके मेरे कुछ पसंदीदा शहर हैं जिनके बारे में मैं बता रही हूं:

हैदराबादः इस शहर में मेरे माता-पिता किसी अजनबी की तरह आए। यहां न तो हमारा कोई दोस्त था और न ही कोई परिवार। हम तो हैदराबाद से काफ़ी दूर बसे हिसार से यहां आए थे जहां हमारा घर था। लेकिन आज हैदराबाद हमारे लिए ऐसा शहर बन गया है जिसने हमें सबकुछ दिया और मेरी ज़िंदगी को अहम बनाया। हैदराबाद का इतिहास अपने आप में इतना धनी है कि बरबस हम इसकी ओर खिंचे चले गए। यहां कई दिलचस्प स्थान हैं जैसे गोलकोंडा का किला, चारमीनार, सालारजंग संग्रहालय, लुंबिनी पार्क, हुसैन सागर झील और आधुनिकता के स्तर पर हुसैन सागर झील के बीचोबीच ख़ास आकर्षण की जगह बुद्ध की प्रतिमा। अन्य स्थानों के अलावा रामोजी फिल्म सिटी भी अपने आप में ख़ास है। मेरा तो यह भी मानना है कि एथलीटों के लिए जिस प्रकार के मौसम की ज़रूरत होती है उस लिहाज से हैदराबाद सही है। यहां के अनुकूल मौसम से मेरा भी बहुत फायदा हुआ।

सिंगापुरः मुझे ख़रीदारी काफ़ी पसंद है खासकर सिंगापुर में करना। मैं हमेशा ऐसा मनाती हूं कि मेरे पास और समय हो ताकि मैं

गोपी सर और ओलंपिक गोल्ड क्वेस्ट के सीईओ वीरेन रसकिन्हा के साथ। मैंने 2009 में ओलंपिक गोल्ड क्वेस्ट के साथ करार किया था।

अपने साथी खिलाड़ियों गुरुसाई दत्त और पी. कश्यप के साथ डेक्कन चार्जर्स मैच का मज़ा उठाते हुए। मैं डेक्कन क्रॉनिकल की ब्रांड एंबेस्डर हूं और उन्होंने हमेशा मेरी मदद की है।

एक आक्रामक मुद्रा में: 2009 में हैदराबाद में बीडब्ल्यूएफ वर्ल्ड चैंपियनशिप के दौरान।

मीलों जाना है: अपने होमग्राउंड, बैडमिंटन कोर्ट पर।

मि. ई. वेंकटराम रेड्डी के साथ, जिन्होंने
पिछले तीन वर्षों तक मेरे व्यावसायिक
हितों की ज़िम्मेदारी उठाई है।

अपनी मैनेजर मंजुला के साथ–जो हमेशा
मेरे लिए सहारे की एक बड़ी स्रोत रही हैं।

ओलंपिक 2012 पदक समारोह के मंच पर, दूसरी पदक विजेताओं ली जेरूई, जिन्होंने स्वर्ण पदक जीता (बीच में), और वांग यिहान, जिन्होंने रजत पदक जीता (बाएं) के साथ।

मेरी सफलता के पीछे जो लोग हैं: (बाएं से दाएं) गोपी सर, मेरे फिज़ियो किरण और एडविन इरियावान।

SONIA GANDHI

Chairperson
United Progressive Alliance (UPA)

10, Janpath
New Delhi - 110 011
Ph : 23012656, 23012686
Fax : 23018651

August 13, 2012

Dear Saina,

My warmest congratulations to you on your brilliant performance at the 2012 Olympics. Your Bronze Medal in the women's singles in badminton has brought honour and glory to our country, and thrilled the hearts of all Indians.

Your steadfast dedication, discipline and pursuit of excellence are a source of inspiration to all of us. Your achievements have made every Indian very proud. I am confident that you will continue to win laurels for India in the future, and come back with a Gold in the next Olympics!

With all my good wishes,

Yours sincerely,

Sonia Gandhi

Ms Saina Nehwal
Tulip 77, Serene County
Gachi Bowli
Hyderabad

ओलंपिक में जीतने पर सोनिया गांधी की ओर
से शुभकामना पत्र।

सत्यमेव जयते

राष्ट्रपति
भारत गणतंत्र
PRESIDENT
REPUBLIC OF INDIA

August 5, 2012

Dear Ms. Nehwal,

I am extremely delighted to know that you have won the Bronze Medal in the Women's Singles Badminton event at the London Olympics.

I would like to extend my congratulations for keeping the country's flag flying high. My best wishes to you, for further success in the future.

With warm regards,

Yours sincerely,

(Pranab Mukherjee)

Ms. Saina Nehwal,
c/o Indian High Commission
London

और यह पत्र राष्ट्रपति प्रणब मुखर्जी की ओर से।

भारतीय झंडे के साथ फोटो खिंचवाते हुए।

ओलंपिक में जीतने के बाद प्रधानमंत्री मनमोहन सिंह और उनकी पत्नी
श्रीमती गुरशरण कौर के साथ। गोपी सर बाएं खड़े हैं।

थ्री चीयर्सः गोपी सर और पी. कश्यप के साथ।

पापा के लिए एक गौरवशाली पल।

यहां गुज़ार सकूं। यहां की सड़कें चौड़ी और साफ-सुथरी हैं। यहां कई मॉल और रेस्तरां हैं। जो लोग लज़ीज़ खाने और जमकर खरीदारी के शौकीन हैं उनके लिए तो यह स्वर्ग से कम नहीं। छुट्टियां गुज़ारने के लिए तो सिंगापुर मेरा पसंदीदा स्थान है। फ़ुरसत में मैं अपना समय यहीं गुज़ारना पसंद करती हूं।

कुआलालंपुरः मैं मलेशिया में लगातार खेलती रही हूं, इसलिए मेरा इस शहर से प्यार पनपता चला गया। यहां के लोग मुझे पहचानते हैं, यह अपने आप में एक ख़ूबसूरत अहसास है। मैं इस शहर को हमेशा ज़्यादा से ज़्यादा जानना चाहती थी लेकिन टूर्नामेंट की व्यस्तता के कारण ऐसा संभव नहीं हो पाता। हालांकि साल 2004 से ही मैं यहां आ रही हूं लेकिन यहां के पेट्रोनास टावर को देखने का मौका 2010 में मिला जब पापा मेरे साथ यहां आए।

पेरिसः जाड़े के दिनों में तो यह किसी चमत्कारी शहर से कम नहीं। मैं उन स्टेडियमों को बहुत प्यार करती हूं जहां ओलंपिक आयोजित हुए हैं। जब पापा मेरे साथ होते तो हम एफिल टावर जाते, मोनालिज़ा को देखने के लिए लूव्र संग्रहालय भी जाते। पापा के साथ घूमना काफ़ी आनंददायक होता क्योंकि उन्हें ऐसे स्थानों के बारे में काफ़ी जानकारी होती।

बर्मिंघमः ऑल इंग्लैंड बैडमिंटन चैंपियनशिप जिसे सभी बैडमिंटन टूर्नामेंटों की जननी माना जाता है, का बर्मिंघम ही स्थान है। यहां की सड़कें काफ़ी चौड़ी हैं जिनपर निकलना दिल को ख़ुश कर जाता है। सड़कों पर भीड़ भी नहीं दिखती। मैं यहां अक्सर मार्च महीने में आई हूं जिस दौरान यहां का तापमान 3-4 डिग्री सेल्सियस तक पहुंच जाता है। कड़ाके की ठंड होती है।

शंघाईः चीनी शहरों में सड़कों और नहरों का ज़बर्दस्त नेटवर्क है।

कहीं-कहीं तो एकसाथ चार-चार पुल बने हैं, एक के उपर एक और इसे देखना बहुत रोचक होता है।

टोक्यो: टोक्यो निहायत ही सुंदर शहर है। यहां की सड़कें एक दूसरे से इतने करीने से जुड़ी हुई हैं कि किसी को किसी तरह की परेशानी नहीं होगी। तकनीकी आधार पर यह शहर बहुत उन्नत है। अगर आपको कोई गैजेट खरीदना हो तो इससे बढ़िया और कोई शहर नहीं हो सकता।

हांगकांग: हांगकांग में कई गगनचुंबी इमारतें हैं, तैरते रेस्तरां और डिज़्नीलैंड भी। 2010 में जब मैंने हांगकांग ओपन जीता था, तब पापा और अपने टीम सदस्यों के साथ हमने डिज़्नीलैंड में ही इसकी खुशियां मनाईं। लेकिन मेरी सबसे दिलचस्प याद शिरोमणी गुरुद्वारा को लेकर है जहां मैं साल 2010 में अपनी टीम के साथ यहां आई थी।

मेलबोर्न: दक्षिण के देशों में मुझे सबसे ज़्यादा मेलबोर्न ही पसंद है। यह साफ-सुथरा शहर है। यहां के स्टेडियम बहुत बड़े-चौड़े हैं और सुंदर हैं। यहां खेलना मुझे बहुत पसंद है। मैं यह भी कहना चाहती हूं कि यहां के लोग बहुत सरल और मेहमाननवाज़ हैं।

दुबई: खरीदारी करने वाला शायद ही कोई आदमी हो जिसे दुबई पसंद न हो। हालांकि दुबई में खरीदारी के अलावा भी बहुत कुछ है। दुनिया की सबसे बड़ी इमारत बुर्ज खलीफा भी यहीं है। इसके अलावा यहां समुद्र में बने होटल, एक्वेरियम और खासकर गोल्डसुक को भी देखने से मन नहीं भरेगा।

सात

मेरी विदेशी यात्राओं ने मेरे अंदर एक और बड़े बदलाव को अंजाम दिया—मेरे खानपान में। मैंने जब अपना प्रशिक्षण शुरू किया तो मेरा ध्यान मेरी डाइटिंग पर बिल्कुल नहीं था। मतलब, मम्मी ने जो भी खाना बना दिया उसे ही खा लिया करती थी। उनके हाथ का बना आलू परांठा सबसे ज़्यादा पसंद था, जिसे मैं एक या दो लेकर ही कभी नहीं रुकती। एक तो प्रशिक्षण के दौरान ऐसे ही काफ़ी भूख लगती है, ऐसे में घर लौटते ही कुछ ज़्यादा खाने की ललक उठती। जब मैंने गोपी सर के साथ प्रशिक्षण शुरू किया, उन्होंने मुझे बताया कि क्या खाना खेल के हिसाब से सही रहेगा। एक वाकया मैं यहां याद दिलाना चाहती हूं। तब मैं 16 साल की थी जब हम चीन के दौरे पर थे। हम वहां शाकाहारी भोजन की तलाश कर रहे थे। गोपी सर ने मुझे कहा कि मांस खाने पर भी ध्यान देना चाहिए। उनका कहना था कि तंदुरुस्ती के स्तर पर चीनी हम भारतीयों से बहुत आगे हैं, इसलिए अगर हम उनसे मुकाबला करना चाहते हैं तो हमें उनके जैसे खानपान पर ध्यान देना होगा। मांस इस मामले में सही विकल्प है क्योंकि इसमें काफ़ी मात्रा में प्रोटीन पाया जाता है। जैसा

कि हम सबको पता है, खिलाड़ियों को डाइट में प्रोटीन की सबसे ज़्यादा ज़रूरत होती है।

इसे देखते हुए मैंने पहली बार चिकन के एक टुकड़े को आज़माया। खाया तो थोड़ा-बहुत ही लेकिन मुझे बहुत पसंद आया। तब के बाद मछली और चिकन मेरे डाइट के प्रमुख स्रोत बन गए। मैं रेड मीट की बहुत ज़्यादा शौकीन तो नहीं, लेकिन मुझे चिकन पसंद है। मेरे साथ एक परेशानी मेरा वज़न बढ़ने की भी है। इसमें आलू परांठा भी कुछ हद तक ज़िम्मेदार है, इसलिए मैंने इसके साथ मिल्कशेक, नान, पनीर बटर मसाला, जलेबी खाना छोड़ दिया। मम्मी बहुत स्वादिष्ट परांठा बनाती हैं, जो मुझे किसी विशेष मौके पर ही मिलता है। रोज़ाना के भोजन में मैं अपने डाइट का काफ़ी ध्यान रखती हूं और बिना तेल के घर में बना खाना ही मैं लेती हूं।

खानपान में इस तरह के बदलाव मेरे लिए मुश्किल थे, लेकिन मैं एक महत्वाकांक्षी लड़की हूं और मेरे लिए मेरा लक्ष्य सर्वोपरि है। भोजन में प्रोटीन लेना ज़रूरी था, इसलिए मैंने चिकन को अपनाया। कह सकते हैं कि मुझे दुनिया में नंबर 2 बनाने में इसी तरह के खानपान का योगदान रहा।

प्रशिक्षण और टूर्नामेंट के दौरान डाइट

सुबह जगने के बाद मैं एक गिलास दूध लेती हूं। इसके बाद नाश्ते में अंडे की सफेदी और ब्राउन ब्रेड लेती हूं। सुबह के प्रशिक्षण से पहले और उसके बाद प्रोटीन शेक लेती हूं।

दिन के भोजन में दो रोटी-इससे ज़्यादा कभी नहीं-दाल, सब्ज़ी, उबला चिकन और लस्सी।

शाम के प्रशिक्षण से पहले और बाद में फिर एक गिलास प्रोटीन शेक।

रात का खाना दिन की तरह ही लेकिन रोटी सिर्फ़ एक, दो नहीं।

कभी पसंद से कुछ ज़्यादा खाने का मन हुआ तो बेसन कढ़ी, आलू गोभी, आलू मटर, आलू शिमला मिर्च, या कुछ भी जिसमें आलू मिला हो मुझे अच्छा लगता है।

अगर दोनों समय के भोजन के बीच मुझे भूख सी लगती तो फ्रूट या फ्रूट चाट लेती हूं। कभी-कभी इसमें भुजिया होती है, खासकर आलू भुजिया।

रविवार के दिन मुझे जो कुछ भी पसंद हो वही खाती हूं। सही बात तो यह है कि इतने सालों तक एक खास डाइट पर रहते-रहते इसकी आदत बन गई है। फिर भी परांठा या नान और पनीर बटर मसाला मेरी थाली में अक्सर दिख जाते। जैसा कि मैंने पहले कहा है, कोई टूर्नामेंट जीतने के बाद मैं आइसक्रीम से इसे सेलिब्रेट करती हूं। जब मैं घर पर होती हूं तो खाने में कुछ खास करती हूं जैसे चारमीनार से जलेबी और काजू बर्फी का स्वाद लेना। इसके अलावा मम्मी के हाथ की दूध से भरी बनी चाय। हालांकि मैंने कापुचिनो लेना भी शुरू कर दिया है लेकिन मम्मी की चाय को मैंने कभी ना नहीं कहा।

टूर्नामेंट के दौरान प्रशिक्षण कम हो जाता है। ऐसे में मैं कभी या तो भोजन नहीं ले पाती या फिर इसकी जगह पर प्रोटीन शेक ही ले लेती हूं। हो सकता है आपलोग यह सोच कर हैरान हो रहे होंगे कि भोजन के नाम पर प्रोटीन शेक से कैसे काम चलाया जा सकता है लेकिन यह बात सही है। आप कभी सोयाबीन फ्लेवर या वनिला शेक अपना कर देखें। वास्तव में शेक के नाम पर मैंगो फ्लेवर अच्छा नहीं होता और मैं इसे लेती भी नहीं। विदेश यात्राओं के दौरान मैं थाई फूड ही पसंद करती हूं, यह मेरा पसंदीदा भोजन है। इसलिए जिन-जिन देशों में मेरा जाना होता है वहां के सबसे अच्छे रेस्तरां में जाकर थाई फूड खाने का प्रयास करती हूं। रेस्तरां में सादा चावल और चिकन के साथ कटे हुए नारियल का मैं ऑर्डर देती हूं। यह खाना बिल्कुल हल्का, फ्लेवर से भरपूर और मेरी ख़ास पसंद का होता है।

आठ

साल दर साल गुज़रने के साथ ही खेल में मेरा सामना शीर्ष के कई खिलाड़ियों से होता चला गया। खेल के दौरान कभी-कभी यह आसान सा लगता क्योंकि विरोधी खिलाड़ी का खेल और उसकी स्टाइल पकड़ में आ जाती। लेकिन उस समय यह ज़्यादा मुश्किल हो जाता है जब आपकी सभी टेक्नीक को आपका विरोधी खिलाड़ी भी पहले से जानता-समझता है। इसलिए खेल के बाद खेल और टूर्नामेंट दर टूर्नामेंट हम अपने खेल को ज़्यादा से ज़्यादा सुधारने पर ज़ोर दिया करते हैं।

व्यक्तिगत तौर पर मैं शीर्ष के 25 खिलाड़ियों को बराबर का प्रतिस्पर्धी मानती हूं। किसी भी दिन इनमें से कोई एक खिलाड़ी बाक़ी खिलाड़ियों को मात दे सकता है और तब रैंक महज़ नंबरों में सिमट कर रह जाता है। यह मेरे लिए गर्व की बात है कि मैंने इन सबको कम से कम एक बार तो मात दिया ही है सिवाय वांग यिहान के। चीनी खिलाड़ी सालों से मेरे चिर प्रतिद्वंद्वी रहे हैं और यह बात मैं स्वीकार करती हूं कि जब भी मैं यिहान से मुकाबले में उतरती, तब

अन्य खिलाड़ियों की तुलना में मेरे उपर कुछ ज़्यादा ही दबाव रहता। उनके साथ के ज़्यादातर मुकाबले कांटे के रहे हैं।

अगर मैं अबतक दुनिया की नंबर एक नहीं बनी तो इसका कारण भी यिहान ही हैं। हालांकि उनके साथ खेलते हुए मुझे आनंद की भी अनुभूति होती रही है—आशा है बहुत जल्द किसी दिन मैं उन्हें मात दूंगी।

कोई मैच जीतना आनंद भर देने वाला होता है, लेकिन हारने का मतलब कि हमें फिर से पुरज़ोर तैयारी की ज़रूरत होती है। जैसा कि मेरी मम्मी कहती हैं-जीतना और हारना किसी सिक्के के दो पहलू कभी नहीं होते, इन दोनों में से कोई एक ही होगा, दोनों एक साथ कभी नहीं होते। जब कभी मैं कोई मैच हारती तो इससे उबरने में मुझे कुछ समय लगता। ऐसी परिस्थिति में सबलोग कुछ न कुछ सलाह भी देते लेकिन मैं सिर्फ़ अपने कोच और सहयोगियों की बातों पर ही ध्यान देती। मेरे खेल विश्लेषक मोहम्मद मख़दूम मेरे सारे खेल को हैंडीकैम पर रिकॉर्ड करते हैं। साल 2010 से वह मेरे साथ हैं और मेरे खेल विश्लेषण में उनका बहुत ज़्यादा योगदान रहा है। खेल मैदान पर विरोधी खिलाड़ी के विरोध में मेरे सभी शॉटों पर वह ध्यान देते हैं। हरेक खेल में मेरी कहां चूक रही, मेरा प्रतिद्वंद्वी किस शॉट पर मुझ से आगे रहा और मुझे उसके लिए क्या करना है इसपर वह विश्लेषण करते हैं। जैसा कि आपलोग देखते होंगे कि ये सारी प्रक्रियाएं किसी एक मैच के समाप्त होने के साथ ही समाप्त नहीं हो जातीं। मैच ख़त्म होने के बाद मंथन का दौर होता है जिसमें अपनी कमज़ोर कड़ियों और ग़लतियों को पकड़ा जाता है और उससे उबरने के लिए कुछ सीखा जाता है। मैच के वीडियो को मैं अक्सर देखती रहती हूं लेकिन प्रायः समाचार चैनल और अख़बारों से दूर रहती हूं।

अगर आप एक खिलाड़ी हैं तो चोट से दूर रहना तो नामुमकिन

सा है। हां, अगर आपको इससे बचना है तो अपने कैरियर के दौरान ज़्यादा से ज़्यादा इससे निबटने पर ध्यान देना होगा।

जनवरी 2009 में मुझे पहली चोट लगी। मेरे कंधे में इस कदर पीड़ा थी कि उस साल मुझे सीनियर नेशनल्स छोड़ देना पड़ा। चोट से उबरने में मुझे महीनों लग गए, तब मैंने महसूस किया कि इस तरह की पीड़ा कितनी बुरी हो सकती है। मुझे दर्द में ही खेलना पड़ता और यह काम बहुत ज़्यादा मुश्किल था। दोबारा, साल 2010 में हांगकांग सीरीज़ खेलने के दौरान मेरे पांव में खिंचाव आ गया। पीड़ा लगातार बढ़ती गई और पांव में सूजन भी आ गई। हालांकि मैं मैच तो जीत गई लेकिन ऐसी चोट को झेल लेना आसान नहीं था।

जब हम टूर्नामेंट खेलते हैं तो यह लगातार होता है, वह भी बिना किसी ब्रेक के। कभी-कभी तो ऐसा हो जाता है कि खेल के कारण चोट से उबरने का भी मौका नहीं मिलता।

चोट के हिसाब से देखें तो साल 2011 सबसे बुरा साल रहा। दिसंबर 2010 में मेरे टखने में चोट आ गई जिस कारण मैं मैच भी नहीं खेल पाई। सबसे ज़्यादा परेशान करने वाली बात यह रही कि 2010 मास्टर्स सुपर सीरीज़ फाइनल में दूसरी बार खेलने का आमंत्रण मिला लेकिन मैं चोट के कारण टूर्नामेंट में नहीं पहुंच पाई। किसी टूर्नामेंट में प्रवेश पाना तो ऐसे ही बड़ा काम है और उसमें भी अगर इससे बाहर होना पड़े तो इससे बुरी बात क्या हो सकती है। ऐसे में मास्टर्स सुपर सीरीज़ में भाग नहीं लेने पर मुझे उल्टे 5000 अमेरिकी डॉलर फाइन चुकाना पड़ गया।

जनवरी 2011 में भी एक टूर्नामेंट मुझे छोड़ना पड़ गया और अंततः उसी साल फरवरी में मैंने दोबारा रैकेट फिर से थामा। अगले छह महीने तक मैंने टखने में टेप बांध कर काम किया। इस कारण कोर्ट पर आसानी ने दौड़ना मेरे लिए मुश्किल था। जैसा कि पहले

से मुझे उम्मीद थी, मेरा प्रदर्शन अच्छा नहीं रहा और खेल काफ़ी निराशाजनक रहा।

टखने में दर्द वैसे ही बना रहा और सभी प्रयासों के बावजूद मैं इससे नहीं उबर पाई। भावनात्मक तौर पर भी मुझे काफ़ी धक्का लगा। जब भी मैं टेप हटाती मेरा टखना पहले की स्थिति में ही दिखता। इस परेशानी से उबरने में मुझे एक साल लग गया। ऐसे समय में मुझे एक ऐसे प्रशिक्षक की ज़रूरत थी जो मेरे टखने को सही स्थिति में ले आ सके और मेरे दिमाग़ में बैठे दर्द की यादों से मुझे मुक्त करा सके।

उसी साल कुछ महीने बाद ट्रेडमिल पर दौड़ते हुए मैं गिर पड़ी और घुटने में चोट खा बैठी। इसकी पीड़ा इतनी असहाय थी कि मैं अपना घुटना नहीं मोड़ पा रही थी। आने वाले महीनों में मुझे तीन टूर्नामेंट खेलने थे-थाईलैंड ओपन, सिंगापुर ओपन और इंडोनेशिया ओपन। इनके क्वार्टर फाइनल, सेमी और फाइनल में मुझे पहुंचना था। लेकिन मैं काफ़ी दर्द में थी। मुझे रोज़ पट्टी बदलनी होती और कभी-कभी तो चमड़ी भी उधड़ जाती।

जब मैं कोर्ट पर थी तो खेलते वक्त घुटना नहीं मोड़ना असंभव सा था। मेरा इस पर ध्यान भी कम ही जाता था। मैच ख़त्म होने के बाद तो और भी परेशानी होती। मेरी इन परेशानियों पर प्रेस में छपी बातों पर ध्यान दें तो सुनने में अचरज से कम नहीं होगा। ख़बरों में यह लिखा होता कि मेरे किसी विश्वस्त सूत्र ने जानक़ारी दी है कि मैं स्कूटी से गिर गई हूं। जबकि यह ऐसी सवारी है जिसे मैंने कभी नहीं आज़माया। मेरे पास स्कूटी प्रकरण पर जानकारी लेने के लिए कई फोन कॉल भी आते। अक्सर ऐसे सवाल भी पूछे जाते कि क्या आप दोबारा मैच जीतेंगी या लोगों का कहना है कि आप अच्छा नहीं खेल रहीं। इस पर आपका क्या कहना है। लेकिन पलटकर जब मैं प्रेस वालों से पूछती कि किन लोगों का ऐसा कहना है ज़रा

बताएं, तो उनके पास इसका कोई जवाब नहीं होता। जब कभी मैं मैच जीतती तो मीडिया का सवाल होता, 'आपने ये मैच कैसे जीता, क्या विरोधी खिलाड़ी का आज दिन अच्छा नहीं था।' ऐसे में मेरा जवाब होता, 'मैं इसलिए जीती क्योंकि मेरा खेल अच्छा रहा।' ऐसे में एक चतुराई भरी मुस्कान से मेरा स्वागत होता।

हालांकि इस तरह की बातें असंवेदनशील थीं लेकिन हमारे जैसे खिलाड़ियों को बताया गया था कि इन बातों का हमें आदी हो जाना चाहिए। लेकिन इस तरह की हाज़िरजवाबी का कोई आदी कैसे हो सकता है। कभी-कभी मैं खुद को समझाती थी कि मैं अपने बारे में सबको यों ही कुछ नहीं बताया करूंगी। मीडिया या अन्य को इंतज़ार करना और देखना पड़ेगा, बाद में मेरा खेल उन्हें खुद-ब-खुद जवाब दे देगा।

साल 2011 में शुरू से लेकर अंत तक टूर्नामेंट जीतने के लिए मुझे ज़बर्दस्त संघर्ष करना पड़ा और इसमें मीडिया कवरेज ने निश्चित तौर पर कोई मदद नहीं की। इस दौर में मेरा प्रयास यही रहा कि फाइनल न सही, कम से कम क्वार्टर और सेमी के क्वालिफाइंग राउंड तक पहुंच जाऊं। लेकिन यह मेरी ज़िंदगी का सबसे बुरा दौर था। साढ़े तीन साल की ऊंचाई पर चढ़ने के बाद उस दौर में मैं सबसे निचले पायदान पर आ पहुंची थी। अंततः उसी साल दिसंबर में बैडमिंटन वर्ल्ड फेडरेशन सुपर सीरीज़ मास्टर्स फाइनल में मैं पहुंची। हालांकि मैच के तीन सेटों में मैं दुनिया की नंबर एक वांग यिहान के हाथों हार गई, बावजूद इसके उस नए सीज़न में बिना किसी चोट के बेहतर प्रदर्शन के लिए मेरे अंदर आशा जगी।

हम खिलाड़ियों के लिए बीमारी के नाम पर छुट्टी जैसी कोई बात नहीं होती। हमें हर हाल में खेलना होता है क्योंकि देश के लोग हमारी ओर नज़रें लगाए होते हैं, देश और देश के लोग गर्व के तौर पर हम पर निर्भर होते हैं। इसीलिए हमें हर हाल में चुस्त-दुरुस्त

रहना होता है। मैं किसी भी सूरत में असंयमित नहीं हो सकती और खेल अनुशासन के विरुद्ध नहीं जा सकती क्योंकि बाद में इसका खामियाज़ा भुगतना पड़ता है। चिकन पॉक्स और गंभीर चोटों से उबरने के बाद मुझे लगातार एक सप्ताह तक खेलना था। मुझे याद है कि फ्रेंच ओपन के क्वार्टर फाइनल के दौरान भी मैं वायरल बुखार से जूझती रही थी।

इस कारण मैं कुछ बेदम सी हो गई थी। आगे गति बनाए रखना मुश्किल सा जान पड़ रहा था। हालांकि मेरे प्रशिक्षण का दौर बिल्कुल नहीं थमा था। चूंकि मुझे वज़न बढ़ने की परेशानी है इसलिए मेरे दिमाग़ में हमेशा यह बात रहती थी कि मैं ऐसा कुछ नहीं खाऊं जो मेरी डाइट के अनुसार न हो। और इतना कुछ होने के बाद यह आलोचना सुनना कि—वह अपने बुरे दौर में है—मुझे हमेशा परेशान करता रहता था।

कैरियर के शुरुआती दिनों में अख़बार या टीवी में ख़ुद के बारे में पढ़ना या देखना मुझे बहुत दिलचस्त लगता। खासकर तब जब मीडिया में मेरे बारे में प्रशंसा के पुल बांधे जाते जैसे-सायना इतिहास लिखने की ओर, या सुपर सायना तो यहां हैं। लेकिन साल गुज़रने के साथ इसमें बदलाव आते गए। अब स्थिति यह है कि अपने बारे में कुछ पढ़ने से पहले सोचना पड़ता है। अख़बार पढ़ना तक छोड़ दिया और अब इस पर भी ग़ौर नहीं करती कि लोग मेरे बारे में क्या कह रहे हैं। लेकिन कर ही क्या सकते हैं, जब अपने बारे में इतनी बातें बाहर तैर रही हों तो इसे दरकिनार करना भी संभव नहीं। कुछ भी हो, इन बातों को किनारे रख अपने काम पर ध्यान देना, उसमें सुधार लाना, चोट से उबरने का ख़्याल रखना और उचित खानपान लेना ही सही लगने लगा।

उस समय ऐसा लगता जैसे मीडिया मेरे हरेक काम पर नज़र रख रहा है। मेरा हल्का वज़न बढ़ना भी ख़बर बन जाती। दूसरे

खिलाड़ियों के बारे में भी ऐसे लिखा जाता जैसे वह मेरे लिए सबसे बड़ी चुनौती हों। वे मेरे लिए चुनौती क्यों होंगे। भारत में बैडमिंटन को लोकप्रिय बनाने के लिए मैंने बहुत परिश्रम किया है और मैं उस दिन का इंतज़ार नहीं कर सकती कि कब भारत की टीम दुनिया की सभी टीमों को मात दे।

मेरे सूटकेस में क्या होता है

जहां तक कपड़ों की बात है तो सूटकेस में ज़्यादातर वैसे ही कपड़े होते हैं जो मुझे खेल कोर्ट पर पहनने होते हैं। हरेक टूर्नामेंट के लिए मैं कम से कम अठारह कपड़े पैक करती। एक दिन में तीन कपड़ों की ज़रूरत पड़ती। एक पहनावे में एक जोड़ा शॉर्ट्स, एक टी-शर्ट, अंडरगारमेंट्स और एक जोड़ी जुराबें आती हैं। प्रशिक्षण और मैच के दौरान पसीना काफ़ी आता है। इस हिसाब से एक दिन में तीन पहनावा लेना ज़रूरी सा हो जाता है क्योंकि पसीने से कोई परेशानी न हो इसलिए कपड़े बदलते रहना ज़रूरी है। इन कपड़ों के अलावा अपने जूते भी होते हैं। बैडमिंटन खेलने के लिए मैं जापान में बने योनेक्स के जूते ही उपयोग में लेती हूं। सामान्यतः हरेक टूर्नामेंट से पहले योनेक्स की ओर से मुझे ऑन-कोर्ट आउटफिट का एक सेट मिलता है। यह कंपनी बैडमिंटन के साजो-समान बनाती है और मेरी स्पॉन्सर कंपनी भी यही है।

खेल से अलग मेरा जो वार्डरोब है वह कोई बहुत बड़ा नहीं है। इसमें कुछ कैजुअल कपड़े, सैंडल, शाम को पहनने वाला एक फॉर्मल कपड़ा और अपनी पसंद के परफ्यूम की एक बोतल होती है। मैं टॉयलेट किट और कई सारे हेयरक्लिप भी साथ लेकर चलती हूं। इसके अलावा मेरी कुछ दवाइयां और फूड सप्लीमेंट भी होते हैं जिनकी ज़रूरत समय के अनुसार होती है। अगर सर्दियों के दिनों में मुझे कहीं जाना हो तो सूटकेस में कुछ गर्म कपड़े जैसे स्वेटर, स्कार्फ, जैकेट, ओवरकोट और मंकी कैप पैक करती हूं।

मेरे बैडमिंटन किट में 10-12 रैकेट, शटल के 3-4 बाक्स, एक स्किपिंग रोप और तौलिया होता है। मेरे बैकपैक में लैपटॉप, किताबें, मेरा पासपोर्ट और आईपैड होता है।

एक समय ऐसा भी था जब मैं अपने साथ बना-बनाया शाकाहार लेकर चलती थी, लेकिन अब नॉन-वेज होने के बाद शाकाहार लेकर चलना कुछ कम हो गया।

इसलिए किसी भी समय कहीं जाने से पहले ये तीन तरह के बैग हमेशा तैयार रहते हैं। वैसे तो मेरे लगेज का वज़न 30 किलो तक ही होता है लेकिन सर्दियों में गर्म कपड़ों के कारण वजन बढ़ जाता जिसके लिए अलग से शुल्क अदा करना पड़ता है।

नौ

जब मैं छोटी थी तो मेरी बहन अबु मेरे साथ बैडमिंटन खेलना नापसंद करती थी। जब मेरे मम्मी-पापा अबु को मेरे साथ बैडमिंटन खेलने के लिए बोलते तो वह उनसे शिकायती लहजे में बोलती-उसे तो यह भी पता नहीं कि कैसे खेलते हैं। आज मुझे उन बातों पर हंसी आती है, जबकि वह इस पर झेंप जाती है। हमारे और उसके बीच 7 साल का अंतर होने के बावजूद हम एक दूसरे के बहुत करीब हैं। जब मैंने अपना प्रशिक्षण शुरू किया तो पूरा परिवार मेरे साथ कंधे से कंधा मिलाकर खड़ा रहा। पापा जब ड्यूटी से लौटकर घर आते तो अबु उनके लिए चाय बनाकर देती क्योंकि मम्मी मुझे शाम को स्टेडियम प्रशिक्षण के लिए लेकर चली जाती थीं। फिर पापा ही मैचो (हमारे पालतू कुत्ते का नाम) को खिलाते, घुमाते और फिर मुझे और मम्मी को लेने के लिए स्टेडियम आ जाते। जब तक हम घर पहुंचते अबु खाना बनाकर तैयार रखती। इतना कुछ होने के बावजूद अबु ने कभी इस बात की शिकायत नहीं की कि उसे इतना काम करना पड़ता है या फिर उसे छोड़कर मम्मी-पापा मेरे पर ज़्यादा ध्यान देते हैं।

अबु मम्मी की मदद में पूरी तरह से लगी रही। उनके साथ कदम से कदम मिलाकर उसने काम किया और वह भी खामोशी के साथ। इतना कुछ करते हुए साथ में पढ़ाई-लिखाई भी करती रही और उसने फार्मेसी में ग्रेजुएशन की डिग्री प्राप्त की।

उन दिनों में हमारी ज़िंदगी काफ़ी साधारण थी। बाहर कुछ खाने-पीने या फिर सिनेमा देखने के लिए न तो पैसा था और न ही समय। घर के सभी लोगों का ध्यान मेरे प्रशिक्षण पर था। इतना कुछ होने के बाद भी अगर किसी को कोई परेशानी होती तो इस पर कोई ग़ौर नहीं करता। मुझे याद है कि अबु घर के काम में इतनी व्यस्त थी कि उसे मेरा खेल देखने के लिए स्टेडियम में आने का कभी मौका नहीं मिला। या फिर अपनी व्यस्तता के चलते वह मेरे साथ कभी घूमने के लिए बाहर नहीं निकल पाई।

साल 2007 में अबु की शादी हो गई। यह साधारण रजिस्टर्ड मैरिज थी, और जैसा कि सभी लड़कियों का ख़्वाब होता है, उसने मम्मी पापा को कभी इस बात पर ज़ोर नहीं दिया कि उसकी शादी धूमधाम से होनी चाहिए। शादी के बाद अबु के दिल्ली जाने के बाद हमें उसकी बहुत याद आती। उसके दिल्ली रहने और खेल के लिए मेरे बाहर रहने के कारण कम ही ऐसा मौका होता जब पूरा परिवार घर पर एक साथ हो। 2009 में जब मैं एक बड़ी जीत के बाद हैदराबाद लौटी तो अबु हवाई अड्डे पर मेरा इंतज़ार कर रही थी। शादी के बाद मैं उसे पहली बार देख रही थी, ऐसे में बहुत अच्छा लगा कि उसने हवाई अड्डे पर मेरी अगवानी की। उसकी गोद में नवजात बेबी तविशा थी। अब मैं मौसी बन चुकी थी और कहने की बात नहीं कि उस समय यह जश्न का मौका था।

हमलोग साल में कम से कम एक बार एक साथ ज़रूर जुटते। खासकर अबु जब हैदराबाद में होती तो हम लड़कियों के सैर-सपाटे का एक प्रोग्राम होता। स्पा और सैलून जाना, मूवी देखना, बाहर

कुछ खाना...हैदराबाद में अबु के आने के बाद मैं उसका सारा बंदोबस्त करती। मुझे उसके घर पर होने का इंतज़ार रहता, क्योंकि तब माहौल कभी कभार नसीब होने वाली छुट्टी जैसा होता।

जैसाकि मैंने कहा है, मम्मी हमारे परिवार में शुरू से महत्वाकांक्षी रही हैं। मेरे जन्म लेने के बाद मम्मी ने मेरा घर का नाम स्टेफी रख दिया था। यह नाम दुनिया की मशहूर टेनिस खिलाड़ी स्टेफी ग्राफ के नाम पर था। हिसार में तो सब मुझे इसी नाम से पुकारते थे, चाहे वह मेरे शिक्षक हों या फिर क्लास के साथी। हालांकि सायना मेरा आधिकारिक नाम था। हैदराबाद में आने के बाद लोगों ने मुझे सायना पुकारना शुरू किया। लेकिन मम्मी के लिए मैं अब भी स्टेफी ही थी।

मम्मी एक ऐसी मज़बूत और दृढ़संकल्प वाली व्यक्ति हैं जिनसे मैं बहुत कुछ सीखती आई हूं। सालों तक वह बैडमिंटन खेलती रही हैं और उनका नाम हिसार डिस्ट्रिक्ट बैडमिंटन एसोसिएशन में भी दर्ज़ है। वह क्लब टूर्नामेंट और ज़िला स्तर पर मैच खेलती रही हैं। उनकी जीत के बारे में हिसार से निकलने वाले कई अख़बारों में भी छपा है। अबु के पैदा होने के बाद तक वह खेलती रहीं और मैं अगर एक खिलाड़ी बनी हूं तो यह उन्हीं से मुझमें आया है। परिवार के हैदराबाद आने के बाद उन्होंने खेलना छोड़ दिया। इसे संयोग ही कहेंगे कि उसके ठीक बाद मैंने इस खेल को आज़माना शुरू कर दिया। मम्मी दृढ़, सधी हुई और उदार हैं और हमने अगर उनसे कुछ लिया है तो वह है दृढ़ता। हम चूंकि अपने परिवार में ही एक साथ घुले-मिले रहे इसलिए हमें बाहरी दोस्तों की कमी रही।

मम्मी, अबु और मैं हमेशा एक दूसरे के काफ़ी नज़दीक रहे। अबु के शादी होने तक रविवार हमारा छुट्टी का ख़ास दिन हुआ करता था। मम्मी में खाना बनाने का गज़ब का कौशल है, इसलिए रविवार का दिन लंच के हिसाब से हमारे लिए खास हुआ करता था।

हालांकि मैं मम्मी और अबु दोनों से बराबर जुड़ी रही लेकिन मुझे यह कहने में कोई हिचक नहीं कि मैं डैडी की लड़की हूं। उत्तर भारत के ग्रामीण क्षेत्रों में एक कहावत है-पित्रो मुखी, सदा सुखी। अर्थात जिस लड़की का चेहरा उसके बाप से मिलता है, वह हमेशा सुखी रहती है।

मुझे लगता है मैं जो कुछ भी हूं अपने पापा के कारण हूं। सालों तक पापा मेरे साथ क़दम से क़दम मिलाकर चलते रहे। प्रशिक्षण के दौरान मेरा ख़्याल रखते रहे। शारीरिक थकान या फिर आर्थिक तंगी के बारे में मैंने उनके मुंह से कभी कुछ नहीं सुना। ऐसे में अगर उनका इतना शांत और अथक सहयोग मुझे न मिला होता तो शायद मैं इस मुकाम पर नहीं पहुंच पाई होती।

लंबे दिनों तक मुझे इस बात की जानकारी नहीं थी कि मेरा रैकेट इतना महंगा आता है। रैकेटों के रख-रखाव को लेकर मैं बहुत बेफिक्र थी, बड़ी आसानी से खो भी देती थी। बाद में जब पत्रकारों ने मुझ से पूछा कि किसी स्पॉन्सर के न होते हुए भी खेल के खर्च का कैसे प्रबंध करती हैं। तब जाकर मैंने पापा से इस बारे में पूछा। बाद में मैं उनकी यह बात सुनकर दंग रह गई कि मेरे प्रशिक्षण और किट के खर्च के लिए वह प्रॉविडेंट फंड से क़र्ज़ लेते हैं। 1999 में जब मैंने खेलना शुरू किया तब से लेकर 2004 में मेरा स्पॉन्सर मिलने तक पापा ने मेरा सारा खर्च वहन किया। तब तक सारे बिलों का भुगतान पापा किया करते। रैकेट की कीमत 14,000 रुपए हुआ करती और किसी भी समय मुझे एक साथ दो रैकेट रखने पड़ते। शटल के एक बैरल की कीमत हज़ार रुपए तक होती है और एक दिन में मुझे दो बैरल की ज़रूरत पड़ती। इतना कुछ होने के बाद कपड़े, जूते और इधर-उधर आने जाने के टिकट का खर्च अलग से होता।

आने-जाने का खर्च सिर्फ़ मुझ तक ही सीमित नहीं था। किसी टूर्नामेंट के लिए बाहर जाने पर मम्मी भी साथ होतीं। ऐसे में होटल

बिल आदि का खर्च भी बढ़ जाता। महीने में मेरा खर्च 50-60,000 रुपए तक होता जिसे पापा चुपके से बिना बताए चुका देते थे, किसी को कानोकान यह भनक नहीं लगती कि इतना पैसा जुटना कितना मुश्किल काम है। जबकि सालों तक यह निश्चित नहीं था कि मैं इस खेल में सफल हो ही पाऊंगी। इस बात के लिए शुक्रगुज़ार हूं कि मैंने टूर्नामेंट जीतना शुरू कर दिया और पापा का समर्पण मैंने व्यर्थ नहीं जाने दिया।

मम्मी का शुरू से यह मानना रहा है कि हम ज़िंदगी में जो कुछ भी पाना चाहते हैं उसे अपनी मेहनत से पाना आसान है। जबकि पापा मानते रहे हैं कि हमें ज़िंदगी में हमेशा अपने हिसाब से रास्ता चुनना चाहिए। बैडमिंटन में मम्मी हमेशा इस बात की वकालत करतीं कि हमें सभी प्रकार की टैक्टिक्स सीखने और समझने चाहिए। जबकि पापा का कहना था, 'हमें वैसी टेक्निक पर काम करना चाहिए जो काम आए और उसे ही सीखना भी चाहिए।' दोनों की बातों में बुनियादी फ़र्क़ यह था कि मम्मी का ध्यान हमेशा परिणाम पर होता जबकि पापा यह कहते हैं कि हमारा ध्यान हमेशा मेहनत पर हो न कि परिणाम पर। हालांकि दोनों की बातों का मेरे ऊपर प्रभाव है लेकिन समय गुज़रने के साथ मैं पापा के विचार से ज़्यादा सहमत होती चली गई। मैं ख़ुद पर ज़्यादा सख़्ती नहीं बरतती और आज के दिनों में मैं वही करती हूं जो मेरे खेल के लिए सही हो।

कई सालों तक मम्मी मेरे साथ टूर्नामेंट के लिए जाती रहीं, मैच के दौरान अगली क़तार में मेरे सामने बैठतीं और मुझे निर्देश भी देतीं। उनकी यह बहुत अच्छी आदत है कि वह सही समय पर सही बात बताती हैं, इसलिए मैच में इसका मुझे बहुत फ़ायदा मिलता। मुझे मैच खेलते देखना पापा के लिए मुश्किल था। ख़ासकर टीवी पर देखना तो उन्हें और विचलित कर देता। ऐसे में वह मेरे मैच के दौरान टहलने निकल जाते और मैच ख़त्म होने के बाद जब तक

मैं उन्हें फोन नहीं करती वे टीवी से दूर ही रहते।

मैं कोई मैच जीतूं या हारूं, पापा वह पहले व्यक्ति थे जिन्हें मैं सबसे पहले फोन करती थी। साल 2010 में जब मैं ऑल इंग्लैंड चैंपियनशिप के लिए रवाना हो रही थी, मैंने सोचा यह कितना अच्छा होता अगर पापा मेरे साथ होते। वह मेरे साथ गए लेकिन उनके लिए यह अभी भी इतना आसान नहीं था कि वह मुझे मैच खेलते हुए देखें। शुरू में तो वह कोर्ट के बाहर खड़े रहते और मेरे किसी टीम साथी का इंतज़ार करते जो बाहर आते वक्त उन्हें यह बताए कि मैच कैसा चल रहा है। लेकिन बाद में मैंने उन्हें दर्शक दीर्घा में बैठे हुए पाया। वह मेरा प्रोत्साहन बढ़ाते और मुझे निर्देश देते। ऐसे में मैं भला अपनी हंसी कैसे रोक सकती हूं। उस दौरे के बाद पापा ने मेरे साथ बाहर जाना शुरू कर दिया। मैच के दौरान उनके रहने से मुझे बहुत संबल मिलता है। मेरा व्यवहार न तो ज़्यादा दोस्ताना है और न ही मैं ज़्यादा सामाजिक हूं, ऐसे में पापा के सामने रहने से मुझे बहुत मदद मिलती है। कहीं निकलने से पहले मेरा सूटकेस इधर-उधर पड़ा देख पापा खिन्न हो जाते। मैं उन्हें अक्सर समझाया करती कि निकलने से पहले मैं उसे सही ढंग से सहेज लूंगी। और अब मैं देखती हूं कि उनका सूटकेस मेरे सूटकेस के साथ बाहर निकलने के इंतज़ार में तैयार मिलता है।

पापा ने मुझे यह भी सिखाया कि सेलिब्रिटी के तौर पर अपने को कैसे रखना है। उनकी साधारण सलाह होती-हमेशा विनम्र बने रहो। पत्रकार जब मेरे घर इंटरव्यू के लिए आते तो वह उनके साथ वह काफ़ी विनम्रता से पेश आते। जब भी फोन बजता तो क़ायदे तो उसका जवाब देते और किसी के साथ उनकी कड़वी बोली नहीं सुनी गई। सच में बोलूं तो ऐसा लगता जैसे पत्रकारों के बीच वह मेरे से ज़्यादा लोकप्रिय थे। मैं लंबा इंटरव्यू देने से बचती और हमेशा प्रयास करती कि कम बोलने से ही काम निपट जाए। कभी-कभी

तो पत्रकार मेरे पापा को घर से बाहर साउंड बाइट के लिए बुलाते और मेरे बदले उन्हीं से बात कर चले जाते। मुझे यह देख कर बहुत अच्छा लगता कि पापा मेरे बारे में मीडिया को बता रहे हैं। सभी मीडिया कवरेज पर वही ध्यान रखते थे।

मेरे बारे में छपी ख़बरों की कतरनों को वह संभाल कर रखते और उसे बार-बार पढ़ते हैं। पापा मुझे यह याद दिलाते रहते हैं कि हम कहां से कहां तक आ पहुंचे हैं। अब हमारे साथ एक मैनेजर मंजुला भी हैं जिनसे पापा मेरे शिड्यूल का तालमेल बिठाते रहते हैं। वह हमेशा यह मानते हैं कि मुझे इस बात की बिल्कुल जानकारी नहीं होती कि मेरे खेल के अलावा बाहर क्या हो रहा है। पापा घंटों होमवर्क पर समय देते हैं ताकि मेरे खर्च में कोई दिक्कत न आए, मेरा शिड्यूल न गड़बड़ाए और मेरें बिल समय पर चुका दिए जाएं।

जैसा कि आप देख सकते हैं मेरा ख़ास नाता पापा से ही रहा है। जुलाई 2010 में मुझे इंडियन काउंसिल फॉर एग्रीकल्चरल रिसर्च (आईसीएआर) से आमंत्रण मिला जहां पापा काम करते हैं। मुझे आईसीएआर का ब्रांड एंबेसेडर बनाया गया और पापा इस पर बहुत गौरवान्वित हुए। आईसीएआर में पापा के सहयोगी उनके और मेरे लिए बहुत मददगार हैं। लेकिन मेरे साथ कहीं बाहर आना-जाना उनके लिए मुश्किल का काम था।

सबसे पहला ऑटोग्राफ़ मैंने अपने पापा के एक सहयोगी को दिया। तब मैं 10 साल की थी और मैंने अंडर-10 डिस्ट्रिक्ट लेवल टूर्नामेंट में जीत दर्ज़ की थी। इसके बाद जब मैं पापा के दफ़्तर में पहुंची तो उनके सहयोगियों ने मुझे बताया कि मैच जीतने के बारे में उन लोगों ने अख़बार में पढ़ा है। सहयोगियों ने मुझ से ऑटोग्राफ मांगा। इसके लिए मैंने पापा की ओर एक निगाह देखा, पापा ने हामी भरी तब मैंने दस्तख़त के तौर पर सबको अपना ऑटोग्राफ़ दिया। तब इतने सालों बाद मुझे किसी को कुछ देने में

काफ़ी ख़ुशी महसूस हुई थी और यह सबकुछ मैंने अपने पापा के लिए किया था।

पापा के लिए मैं अभी भी बच्ची ही हूं। वह मुझे शाइनी, तापी, बच्चा के नाम से पुकारते हैं—कभी-कभी अबु के नाम से पुकारते हैं तब मुझे उन्हें याद दिलाना पड़ता कि मैं अबु नहीं बल्कि सायना हूं।

मेरे पसंदीदा अन्य खिलाड़ी

रॉजर फेडररः अगर वह रॉफेल नाडाल के ख़िलाफ़ खेलते हैं तो मैं अपना सारा काम छोड़कर उनका खेल देखना पसंद करती हूं। पूरे मैच के दौरान वह जिस तारतम्यता में दिखते हैं वह इतना आसान काम नहीं।

सचिन तेंदुलकरः बेशक वह मैदान पर अत्यंत शांत और सधे हुए खिलाड़ी दिखते हैं। तेंदुलकर ऐसे जीनियस खिलाड़ी हैं जिनकी क्षमता और नियंत्रण की मैं कायल हूं। 100वां शतक बनाते हुए मैंने उन्हें टीवी पर देखा है। स्विट्ज़रलैंड में टीवी सेट के सामने बैठ कर हमलोग उनका हौसला बढ़ा रहे थे। सचिन का उस ऐतिहासिक स्कोर तक पहुंचना हमारे लिए गर्व की बात थी। इतनी उपलब्धियों के बावजूद वह काफ़ी विनम्र व्यक्ति हैं।

रॉफेल नाडालः विजेताओं की सूची में अगर फेडरर का नाम हो तो इसमें नाडाल पीछे कैसे रह सकते हैं। कोर्ट पर उनकी आक्रामकता और सधे हुए शॉट की मैं मुरीद हूं। खेल को वह इतना दिलचस्प बना देते हैं कि नज़रों को एक पल के लिए भी इधर-उधर हटाना मुश्किल सा लगता है।

मारिया शारापोवाः शारापोवा ने महिला टेनिस के लिए जो कुछ किया उसे मैं सबसे ज़्यादा पसंद करती हूं। उनके कपड़े पहनने का तरीका तो और भी ज़्यादा पसंद है। खेल के दौरान उनकी नज़रों को इधर-उधर कोई नहीं डिगा सकता। आक्रामकता और सही वक्त पर सही शॉट ने उन्हें महान बनाया है।

स्टेफी ग्राफः ग्राफ मेरी मम्मी की पसंदीदा खिलाड़ी हैं। मैं उनके खेल को देखते हुए बड़ी हुई हूं। वह गज़ब के जलवे वाली महिला खिलाड़ी हैं। उन्होंने कोर्ट पर सौंदर्य और विनम्रता का ऐसा तालमेल

बिठाया कि सब एक दमदार खिलाड़ी और उम्दा व्यक्तित्व के रूप में उनकी प्रशंसा करते हैं।

मैरी कॉमः 2012 ओलंपिक तक वह देश में कमतर आंकी जाने वाली खिलाड़ियों में एक थीं। उनकी प्रतिभा को कम समझे जाने के बावजूद वह चुपचाप कड़ी मेहनत के साथ अपना काम करती रहीं और बाद में भारत को बॉक्सिंग के क्षेत्र में गौरवान्वित बनाया। उनके लिए तो जितना सम्मान दें उतना कम ही है। उनका ओलंपिक सम्मान और देर से ही सही उन्हें मिली पहचान काबिले तारीफ है।

अभिनव बिंद्राः साल 2008 में जब वह ओलंपिक स्वर्ण भारत लेकर आए तो पूरे देश का सिर गर्व से ऊंचा हो गया। यह कोई आसान काम नहीं था लेकिन इसके बावजूद बिंद्रा आज भी पहले की तरह ही हैं। उतनी तारीफ़ों के बाद भी वह सबके लिए साधारण बने रहे। मुझे पता है कि यह कोई आसान काम नहीं है इसलिए मेरी नज़रों में उनके लिए बहुत सम्मान है।

सेरेना विलियम्सः आप देख सकते हैं कि मैं टेनिस खिलाड़ियों के लिए कुछ पक्षपाती हूं। खेल पर उनका गज़ब का नियंत्रण है। मुझे लगता है कि दुनिया के चुने हुए महान खिलाड़ियों में वह एक हैं और टेनिस की दुनिया को उनके जैसा सितारा मिलना सौभाग्य की बात है।

माइकल शुमाकरः क्या आपको नहीं लगता कि शुमाकर जैसे किसी व्यक्ति की अनदेखी करना मुश्किल काम है। ट्रैक पर उनकी हिम्मत और आत्मविश्वास को तो मैं देखती ही रह जाती हूं। रेसिंग के रोमांच को भी वह आनंद में बदल देते हैं।

कपिल देवः मैं एक सच्ची भारतीय हूं और क्रिकेट ऐसा खेल है जिसे मैं बहुत पसंद करती हूं। कपिल के बारे में अगर कहूं तो वह एक हरफ़नमौला क्रिकेटर हैं जिनका स्थान उनके बाद शायद कोई नहीं ले पाया।

युवराज सिंहः मेरी पंसद में कपिल के आसपास के वही खिलाड़ी हैं। खेल का मैदान हो या इससे बाहर, उनमें गज़ब की क्षमता है। मैं उनकी योग्यता और प्रतिभा का सम्मान करती हूं।

विश्वनाथन आनंदः उनका तो पूरा दिमाग ही कंप्यूटर है। अब चूंकि मैंने भी अपनी मानसिक मज़बूती पर ज़्यादा ध्यान देना शुरू किया है, इसलिए उनके लिए और भी सम्मान बढ़ गया है। चेसबोर्ड के सामने घंटों बैठना और वह भी तब जब तय न हो कि खेल में क्या होगा, कोई आसान काम नहीं है। इतने कुछ के बावजूद आनंद का खेल जीतते रहना महान काम है।

दस

जब मैं पांच साल की थी तब मैंने एक फैंसी-ड्रेस कंपीटिशन में भाग लिया था। उसमें मुझे जवाहर लाल नेहरू बनना था। मेरी बारी आई और मैं मंच पर गई, सबको सैल्यूट किया लेकिन तुरंत बाद में यह भूल गई कि आख़िर मंच पर मुझे बोलना क्या है। सैल्यूट की मुद्रा में मंच पर कुछ देर तक यों ही खड़ी रही और अपने मम्मी-पापा की ओर देखती रही। बाद में मम्मी-पापा को बोलना पड़ा कि चलो कोई बात नहीं अब नीचे आ जाओ। आप सोच सकते हैं कि मुझे उस दिन मंच का कैसा डर था। हालांकि उस वाकए के बाद भी मेरे माता-पिता मुझे अन्य कंपीटिशन में भेजते रहे। हर बार मंच पर चढ़ते ही मेरी ज़ुबान बंद हो जाती और मैं मम्मी-पापा की ओर नज़रें गड़ाए इस बात का इंतज़ार करती कि वे कहें कि कोई बात नहीं अब मंच से नीचे आ जाओ। मंच पर ऐसे जाने का सिलसिला अब शुरू हो चुका था लेकिन बात वही होती जो हर बार हुआ करती थी। लेकिन खेल के कोर्ट पर उतने दर्शकों के सामने खेलने में मुझे कभी कोई परेशानी नहीं हुई। मैं दर्शकों की उपस्थिति, उनकी प्रशंसा और उनके समर्थन का तहेदिल से स्वागत करती हूं।

भारत के अलावा इंडोनेशिया में खेलना मुझे बहुत पसंद है जहां के लोग मेरे समर्थक हैं। मुझे जर्काता की एक दिलचस्प घटना याद है। यात्रा के दौरान कैब के ड्राइवर ने मुझे पहचान लिया और वह मुझ से किराया लेने को इसलिए तैयार नहीं था क्योंकि वहां आयोजित टूर्नामेंट में मुझे विजय हासिल हुई थी। खेल जीतना तो अपने आप में महान है ही, लोगों का दिल जीतना भी मेरी सफलता में बड़ा रोल निभाता आया है। जब कोई खिलाड़ी जीतता है तो उसे उपलब्धियों की मिली-जुली अनुभूति होती है और मैं वैसी अनुभूति को बार-बार दोहराने के लिए अपने को क्षमतावान बनाना पसंद करती हूं।

अंतरराष्ट्रीय स्तर पर जब मैंने अच्छा करना शुरू किया तो कई चीज़ें मेरे साथ जुड़ीं। पहली बात तो यह कि मैं मशहूर हो गई। लोगों ने मुझे पहचानना शुरू किया और उसी हिसाब से पैसा आना भी शुरू हो गया। चैंपियन बनने के लिए जिस विश्वास की ज़रूरत होती है वह मैंने पा लिया। मैं इस बात पर भी विशेषकर ख़ुश थी कि बैडमिंटन एक लोकप्रिय खेल बन गया। ज़्यादा से ज़्यादा बच्चों ने इसे खेलना और एकेडमी में शामिल होना शुरू किया। इसका एक स्याह पक्ष यह रहा कि खेल का दबाव मेरे पर ज़्यादा था। एक बार भी ख़राब प्रदर्शन हुआ नहीं कि लोग इस बारे में लिखना शुरू कर देते या इसी पर चर्चा शुरू हो जाती। यह परेशान करने वाली बात होती। मुझे ऐसा लगा जैसे मेरी प्रसिद्धि सीधे तौर पर मेरे प्रदर्शन से जुड़ी है। इसके लिए मैं ऐसा कोई काम नहीं करती जो मेरा ध्यान खेल से इधर-उधर ले जाए।

बाद में इंडोर्समेंट के प्रस्ताव भी आने शुरू हो गए। किसी आयोजन में भाग लेने, इंटरव्यू का बुलावा आदि तो आम बात हो गई। अब मैं 18 बरस की हो गई थी और लोग शायद यह महसूस करने लगे थे कि मैं एक जवान महिला हूं जिसने मुझे प्रसिद्धि दिलाने

में मदद की।

खेलने के साथ ही मेरा आत्मविश्वास भी तेज़ी से बढ़ने लगा और मुझे लगने लगा कि मैं भी बड़ी हो गई हूं। मैं कभी टॉम-ब्वाय नहीं रही और आज के दिन भी वैसे ही कपड़े पहनती हूं जो मेरी उम्र की लड़कियां पहनती हैं।

मेरा पहला फोटो शूट 2010 में हुआ जब मैं 20 साल की थी। तब मेरे दिमाग़ में यह बात बैठी हुई थी कि शूट के दौरान कुछेक लोग होंगे और कैमरे के सामने पोज़ देने के बाद जल्द ही लौट आउंगी। जब मैं सेट पर पहुंची और 100-200 लोगों को सामने देखा तो मेरे अंदर एक डर समा गया। मैं मेकअप एरिया में पहुंची और सबका काम हो जाने के बाद मेरा मेकअप शुरू हुआ। मुझे इतना सजाया गया कि मैं ख़ुद को नहीं पहचान पाई। वहां खड़े रहने पर भी मुझे डर लग रहा था। मैं ख़ुद को गुड़िया-सी महसूस कर रही थी और सालों तक बिना किसी मेकअप के कोर्ट पर खेलने-कूदने के कारण ये सारी चीज़ें मुझे अटपटी-सी लग रही थीं। मामला तब और बिगड़ता-सा लगा जब यह पता चला कि मुझे लोगों के सामने कुछ बोलना भी है। मंच का पहले वाला डर फिर मेरे अंदर समाता चला गया। इस बार फ़र्क़ सिर्फ़ यह था कि मुझे समझाने-बुझाने के लिए मम्मी-पापा मेरे सामने नहीं थे। शूटिंग में दो दिन गुज़ारने पड़े जिस कारण मुझे काफ़ी थकान हुई। मॉडलिंग थकाने वाला काम है और इसमें आप किसी को कुछ कहने का मौका भी नहीं दे सकते।

यह कितना भी थकाने वाला काम क्यों न हो, इंडोर्समेंट ज़रूरी है। इससे पैसा आता है जिसकी ज़रूरत हमें है। जब मैंने बैडमिंटन खेलना शुरू किया तो पापा को मेरे प्रशिक्षण का खर्च उठाना पड़ा। धनवान बनने के बारे में मैंने पहले कभी नहीं सोचा लेकिन हमलोग जिस मध्यमवर्गीय परिवार से आते हैं वहां पैसा चीज़ों को बदलता है। इस बारे में मुझे कोई शिकायत नहीं है कि पैसा होना अच्छा

लगता है। मैं अपना एकाउंट हमेशा चेक नहीं करती या पता नहीं करती रहती कि उसमें कितना पैसा आया है। लेकिन रुपये-पैसे के हिसाब से हमें मिला स्थायित्व स्वागतयोग्य है।

कभी-कभी अच्छे कामों में योगदान के नाम पर कुछ करने के लिए इंडोर्समेंट आपको अनुमति देता है। 2006 में ऐसा करने के लिए मुझे मौका मिला। *बेटी बचाओ अभियान* के लिए सरकार ने मुझे ब्रांड एंबेसेडर बनाया। यह मेरे लिए सम्मान की बात थी और मुझे इस बात का भी गर्व हुआ कि लोग मुझे युवतियों के रोल-मॉडल के रूप में देखते हैं।

हालांकि मैं यह भी नहीं भूलती कि इसके लिए कितना संघर्ष करने की ज़रूरत पड़ती है। खासकर मेरे माता-पिता ने मेरे लिए जितना कुछ किया। यही कारण है कि मेरे माता-पिता और मैं ज़रूरतमंदों की मदद करने की पूरी कोशिश करते हैं। सेलिब्रिटी जो भी दान-पुण्य का काम करते हैं लोग उसे कभी-कभी संकोच की निगाहों से देखते हैं। लेकिन जब किसी के पास ज़रूरत से ज़्यादा हो तो यह ज़ाहिर-सी बात है कि वह किसी की मदद करने के बारे में सोचेगा। मैंने उन बच्चों के बारे में सुना है जिन्हें पढ़ाई-लिखाई के ख़र्च की ज़रूरत होती है। ऐसे बच्चों की सहायता करने में मुझे ख़ुशी महसूस होती है। सबकी मदद करना असंभव-सा है लेकिन जब किसी की मदद हो जाए तो बड़ा प्यारा लगता है। किसी अनाथालय में भोजन मुहैया कराना या फिर किसी खेल आयोजन में वित्तीय मदद या फिर किट बांटने का काम मुझे अच्छा लगता है। किसी स्थानीय टूर्नामेंट में जब मैं आमंत्रित होती हूं तो वहां विजेता को नकद इनाम राशि बांटना मुझे पसंद है। मुझे इस बात की जानकारी है कि किसी को प्रशिक्षण या फिर खेल के सामान मुहैया कराना कितना मुश्किल भरा काम है। इसलिए जहां तक मदद की बात है तो नकद देकर मैं मदद की भरपूर कोशिश करती हूं।

1999 में जब मैंने खेलना शुरू किया तब भारतीय खेल प्राधिकरण ने मुझे 700 रुपए प्रतिमाह फेलोशिप देना शुरू किया। एक साल बाद पेट्रोलियम स्पोर्ट्स बोर्ड ने 2500 रुपए प्रति माह स्टाइपेंड देने का प्रस्ताव दिया और यह सिलसिला तीन साल तक चलता रहा।

साल 2004 में अंडर-15 नेशनल चैंपियनशिप और सीनियर नेशनल चैंपियनशिप में तीसरा स्थान प्राप्त करने के बाद मुझे कुछ नौकरियों के प्रस्ताव मिले। भारत में अमूमन ऐसा होता है कि कोई खिलाड़ी अगर राष्ट्रीय स्तर पर पहुंचता है तो तेल कंपनियां या रेलवे उसे अपने यहां नौकरी देती हैं। इसलिए मुझे भी भारत पेट्रोलियम कॉरपोरेशन लिमिटेड की ओर से प्रस्ताव मिला। सही बात तो यह है कि इसके लिए प्रकाश पादुकोण सर ने मेरा नाम सुझाया था।

जब नौकरी के इंटरव्यू के लिए मैं बैंगलोर गई उस समय मेरी उम्र 14 साल की थी। संयोग की बात यह रही कि इंटरव्यू महज़ एक औपचारिकता भर थी। पापा भी मेरे साथ बैंगलोर गए थे। इंटरव्यू में मुझ से खेल की अगली तैयारियों के बारे में पूछा गया जिनके जवाब मैंने आसानी से दिए। लेकिन जब तेल कंपनियों के बारे में मुझ से सवाल पूछा गया तो मैंने उन्हें यही जवाब दिया कि मैं इस बारे में कुछ नहीं जानती। हालांकि मुझे नौकरी मिली और वह भी अफसर कैडर के रूप में। मुझे फेलोशिप अवार्ड के रूप में प्रति महीने तनख़्वाह मिलती रही। मेरे 18वें जन्मदिन पर मुझे नियमित कर्मचारी के रूप में अपाइंटमेंट लेटर मिला जिसमें कार्यकारी अधिकारी के पद पर मेरा नाम लिखा गया था। मौजूदा समय में मैं उप प्रबंधक के रूप में कार्यरत हूं और मुझे उम्मीद है कि खेल में जैसे-जैसे मेरा प्रदर्शन अच्छा होगा मेरी पदोन्नति भी वैसी ही होगी। यह सोच कर हैरत होती है कि खेल के कारण स्कूल से बाहर होने के बाद भी मुझे नौकरी मिली और ख़ासकर तब जब स्कूल में मेरी हाज़िरी न के बराबर थी। तनख़्वाह मेरे लिए स्वागतयोग्य रही क्योंकि इसने

मेरे पापा के बोझ को हल्का किया है। इसके लिए मैं शुक्रगुज़ार हूं।

साल 2007 में मुझे मित्तल चैंपियंस ट्रस्ट की ओर से स्पॉन्सरशिप का प्रस्ताव मिला। यह बहुत बड़ी मदद थी, ख़ासकर मेरे टूर्नामेंट खर्च के लिए। प्रस्ताव के मुताबिक मुझे 25 लाख रुपए मिले जो मेरे प्रशिक्षण, फिज़ियो, खेल उपकरण, टूर्नामेंट के लिए इधर-उधर की यात्रा जैसे मदों में खर्च हुए। सरकार कभी-कभी हमारी यात्राओं को स्पॉन्सर नहीं करती, तब ऐसी मदद हमारे लिए वरदान साबित होती है।

साल 2009 में *डेक्कन क्रॉनिकल* की ओर से स्पॉन्सरशिप के साथ-साथ ब्रांड एंबेसेडर बनने का प्रस्ताव मिला। हैदराबाद में मेरे रहने के कारण इस प्रस्ताव को ठुकराने का मुझे कोई तुक नहीं दिखा। ब्रांड एंबेसेडर होने के नाते मैंने कंपनी के लिए कुछ इंडोर्समेंट किए और कुछ अभियानों में भाग लिए। *डेक्कन क्रॉनिकल* की लोगो वाली टी-शर्ट भी खेल के दौरान पहनना शुरू किया। तब से तीन साल हो गए वही कंपनी मेरे एकाउंट का प्रबंधन करती है।

कभी-कभी मेरे बारे में यह कहा जाता कि इंडोर्समेंट के कारण मुझे बाहर ज़्यादा रहना पड़ता है और मॉडलिंग मेरा ध्यान खेल से इधर-उधर भटका रहा है। लेकिन यह बात शायद ही सही हो। साल 2011 में मैंने आठ इंडोर्समेंट किए। सभी शूट और इंटरव्यू एक दिन में किए गए जिसके लिए मुझे किसी तैयारी करने की ज़रूरत नहीं पड़ी थी। इस पर काम करने के लिए मैंने अपनी छुट्टियां छोड़ दीं। मेरे बारे में बोलने वाले इस चीज़ को देखना समझना भूल गए। अगर खेल के अलावा मैं अन्य गतिविधियों में भी हिस्सा लेती हूं तो लोग इसे देखते-समझते हैं। इससे मेरे खेल और ख़ुद को भी मदद मिलती है। मैं हमेशा इस बात को गांठ बांध कर रखती हूं कि मुझे प्रस्ताव तभी तक मिलेंगे जब तक मैं अच्छा खेलूंगी। मैं इस बात को कभी नहीं भूल पाई। यह निश्चित है कि एक मेडल किसी को सेलिब्रिटी

नहीं बना सकता।

लेकिन निरंतर प्रयास कर आज के युवा बैडमिंटन में अपना कैरियर बनाने के बारे में सोच सकते हैं। अगर वे शीर्ष पर पहुंचने का ख़्वाब देख सकते हैं तो इसका मतलब यह हुआ कि मुझे नई पीढ़ी के लिए रास्ता साफ़ रखना होगा। गोपीचंद एकेडमी में हरेक साल लगभग 150 आवेदन बच्चों की ओर से आते हैं। मतलब यह हुआ कि लोगों की दिलचस्पी इस खेल में बढ़ रही है। श्रीलंका में तो मेरी एक ऐसी प्रशंसक है जो हरेक टूर्नामेंट के बाद मुझे पत्र लिखती है। यह खेल श्रीलंका में अभी लोकप्रिय नहीं है फिर भी वह पत्र लिखना नहीं भूलती और मैं भी उसका जवाब हमेशा देती हूं। ओलंपिक गोल्ड क्वेस्ट की ओर से मेरा फेसबुक पेज सेट किया गया है जिसपर मेरे आठ लाख से ज़्यादा प्रशंसक हैं। ये प्रशंसक सिर्फ़ मेरे ही नहीं बल्कि मेरे खेल के भी हैं। हालांकि इसके अलावा मेरा व्यक्तिगत फेसबुक एकाउंट भी है जिसके सहारे मैं अपने प्रशंसकों से जुड़ी रहती हूं।

मैं यह भी जानती हूं कि इस तरह की ख्याति का संयोग सभी सफल खिलाड़ियों को नहीं मिल पाता। यह वैसे ही है जैसे ब्रांडिंग और मार्केटिंग किसी को अपने मनमाफिक स्टार बना दे। ऐसा देखने से लग सकता है लेकिन यह पूरी तरह से क़िस्मत की बात है। इसके लिए किसी एक्स फैक्टर की भी ज़रूरत होती है जो स्पॉन्सरों को अपनी ओर आकर्षित कर सके। अपने देश में कई खिलाड़ी ऐसे हैं जो खेल में काफ़ी अच्छे हैं लेकिन इंडोर्समेंट डील से बिल्कुल बाहर हैं। उनके लिए इंडोर्समेंट बहुत मुश्किल है इसलिए अगर मुझे इसका मौका मिला है तो मैं बैडमिंटन और युवाओं को प्रोत्साहित कर रही हूं। मेरे स्पांसर यह चाहते हैं कि मैं हमेशा अच्छा प्रदर्शन करूं और मैं ख़ुद के लिए भी ऐसा ही चाहती हूं।

मेरे स्पांसर यह भी चाहते हैं कि मैं उनके उत्पादों के लिए मीडिया

में दिखूं। इसके बदले मुझे ज़्यादा पैसे मिलते हैं। तो फिर इसे ठुकराने का मुझे कोई कारण नहीं दिखता। क्या आपको नहीं लगता कि यह एक सही सौदा है। भारत जैसे देश में मैंने स्पॉन्सरशिप से जितनी जल्दी में जो भी बनाया उसने मुझे आश्चर्य में तो डाला ही मुझे विनम्र भी बनाया। मलेशिया से तुलना करें तो जिस लीग में मैं हूं उस लीग के खिलाड़ियों की तुलना में मैं ज़्यादा पैसा कमाती हूं।

परिवार के तौर पर ईमानदारी से बात करें तो पैसे ने हमें बिल्कुल नहीं बदला है। मैं पापा के लिए शर्ट या घड़ी या फिर अबु के लिए परफ़्यूम ख़रीद सकती हूं लेकिन मुझे याद नहीं कि मम्मी नें अपने लिए मेरे से कुछ कहा हो। मेरे वार्डरोब पर मम्मी ख़ास ध्यान देती रही हैं और कुछ दुख-दर्द के साथ ही सही उन्होंने मेरे लिए अच्छे-अच्छे कपड़े खरीदे हैं। पापा के पास अच्छे कपड़े हों इस पर भी उनका ध्यान रहता है। लेकिन अपने लिए तो बस साधारण सूती सलवार-कमीज़ और वह भी कुछ सौ रुपए के। इससे ज़्यादा और कुछ नहीं।

खेलों में जीत और इंडोर्समेंट ने मेरे सपनों को भी साकार किया है। साल 2010 में मैंने अपनी एकेडमी की ठीक बग़ल में अपने लिए एक मकान लिया। मेहनत-परिश्रम करने के बाद अगर कोई अपना आशियाना ख़रीदे तो कितना अच्छा लगता है। आज मेरे पास तीन घर हैं। दो हैदराबाद में और एक गुड़गांव में। अपने परिवार के साथ मैं बिल्कुल शांत कॉलोनी में रहती हूं। जब हमारा फ्लैट तैयार हो गया तो हम पूजा कराने के बाद उसमें प्रवेश कर गए। पूजा-पाठ पापा ने ही किया था। गृह प्रवेश पर न कोई बड़ी तैयारी और न ही कोई बड़ा आयोजन हुआ। पापा-मम्मी कुछ इसी तरह का प्रवेश चाहते भी थे।

हमारे पड़ोसी बहुत विनम्र हैं और हमें हमारी जगह देते हैं। स्वतंत्रता दिवस के दिन अगर हमें ज़्यादा जगह की ज़रूरत होती है तो वे इसमें हमारी मदद करते हैं। पड़ोसियों ने हमारी निजता

का हमेशा सम्मान किया है।

अपनी कार खरीदने से पहले मैं पब्लिक ट्रांस्पोर्ट का उपयोग करती थी। मेरे पास तो एक ऑटो डाइवर भी था जो हमेशा एक निश्चित समय पर मेरा इंतज़ार करता और मुझे स्टेडियम ले आता व घर छोड़ जाता। उसी के कारण कहीं भी आने-जाने में मुझे कोई परेशानी नहीं हुई। अपने ऑटो के अंदर उसने मेरे कई फोटोग्राफ चिपका रखे थे। बाद में मेरे पास अपनी गाड़ी भी हुई। मेरी पहली कार मारुति 800 थी। उसके बाद हमने होंडा सिटी ख़रीदी और अब बीएमडब्लू एक्स-6 चलाती हूं।

हालांकि सेलिब्रिटी होने का एक ख़राब पहलू भी है। अब मैं इतनी व्यस्त रहती हूं कि कुछ पल रुककर अपनी ज़िंदगी जीने का भी मौका नहीं मिलता। कभी-कभी मुझे ऐसा लगता है कि मैं देश की सिपाही हूं। प्रशिक्षण और खेल में किसी भी तरह की ढिलाई आज के दिन में क्षम्य नहीं है। इसके अलावा भी कई छोटी-मोटी मुश्किलें हैं। जैसे मुझे अगर किसी सिनेमा हॉल में कोई फिल्म देखनी हो तो फिल्म शुरू होने से कुछ मिनट पहले बग़ल के दरवाज़े से घुसना पड़ता है और फिल्म समाप्त होने से पहले ही निकल जाना होता है। हालांकि अब टिकट लेना आसान है क्योंकि मैं मैनेजर को जानती हूं। लेकिन मैं फिल्म समाप्त होने के बाद हॉल के आसपास रुक नहीं सकती। पिछली बार ऐसा हुआ जिस कारण मेरी कार तक लोगों की भीड़ इकट्ठा हो गई थी। मुझे लोगों को ऑटोग्राफ देने के लिए और उनके साथ फोटो खिंचाने के लिए रुकना पड़ा था। हालांकि मैं इसे बुरा नहीं मानती लेकिन जब चारों ओर भीड़-भाड़ और शोरगुल हो तो फोटो के लिए मुस्कुराना आसान काम नहीं होता।

पहले मेरे ध्यान में सिर्फ़ और सिर्फ़ प्रशिक्षण और खेलना भर था। लेकिन आज के दिन में मुझे लगता है कि मेरी प्रसिद्धि उसी खेल का एक हिस्सा है और मेरे आगे बढ़ने का भी। इसलिए इसके

बारे में मैं कोई शिकायत नहीं कर सकती। मैं अलग-थलग रहने वाली व्यक्ति नहीं हूं और मुझे लोगों का साथ बहुत पसंद है। लोग अक्सर ऐसा पूछते हैं कि टेनिस खिलाड़ी सानिया मिर्ज़ा क्या मेरी दोस्त हैं या कोई अन्य खिलाड़ी मेरा दोस्त है। हां हम खिलाड़ियों में आपस में दोस्ती है। खेल से पहले और बाद में हमलोग एक दूसरे को शुभकामनाएं देते हैं।

हैदराबाद से होने के कारण मैं सानिया से सबसे ज़्यादा मिली हूं। शायद किसी भी अन्य खिलाड़ी से ज़्यादा। महेश भूपति दोस्त हैं और उनकी कंपनी ने कुछ समय के लिए मेरे एकाउंट का प्रबंधन किया है। *डेक्कन क्रॉनिकल* जिसकी अपनी आईपीएल टीम है, का ब्रांड एंबेसेडर होने के नाते मैं क्रिकेट पर भी ध्यान देती हूं। हालांकि डेक्कन के सारे मैच मैं स्टेडियम पर नहीं देख पाती हूं लेकिन डेक्कन चार्जर्स टीम से मिल चुकी हूं। एंड्रयू साइमंड और एडम गिलक्रिस्ट से मैं मिल चुकी हूं और मुझे लगता है कि किसी का मनोबल बढ़ाने में इन दोनों का कोई टक्कर नहीं है। पूरी टीम की सकारात्मक क्षमता और हर स्थिति में जीत सकने का भाव, खेल में भाईचारा जैसी बातें मुझे छू जाती हैं। जिस कंपनी में ऐसे खिलाड़ी हों उससे जुड़ कर मुझे गर्व होता है।

बात सिर्फ़ खिलाड़ियों की ही नहीं है। बॉलीवुड सितारों का भी मुझे पर्याप्त समर्थन प्राप्त है। साल 2009 में एक के बाद जब मैंने तीन टूर्नामेंट जीते, उस वक्त पूरा बॉलीवुड परिवार मेरी प्रशंसा और हौसला अफ़जाई में आगे आया था।

कई सारे ट्वीट और शुभकामना संदेश मुझे मिले। मैं अपने पसंदीदा स्टार शाहरुख ख़ान से एक बार मिलते-मिलते रह गई। मौका था 2009 में एनडीटीवी स्पोर्ट्सपर्सन ऑफ़ द इयर पुरस्कार प्राप्त करने का। दुर्भाग्यवश मैं किसी टूर्नामेंट के लिए बाहर थी और पापा को मेरी जगह पर दिल्ली में पुरस्कार लेने जाना पड़ा। इसलिए

मेरे पसंदीदा स्टार से मिलने का मौका पापा को ही मिला, मुझे नहीं।

मेरे लिए बॉलीवुड का सबसे ख़ास मौका वह प्रदर्शनी रही जिसमें गोपी सर की जीवनी, *पुलेला गोपी चंद : द वर्ल्ड बिनीथ हिज़ फीट* का विमोचन होना था। उस कार्यक्रम में बॉलीवुड के महान अभिनेता आमिर ख़ान से मुझे आमने-सामने मिलने का मौका मिला। वह मेरी प्रशंसा में बोलते रहे और मैं उन्हें चुपचाप सुनती रही।

आमिर ख़ान ऐसे अभिनेता हैं जो खेल को पसंद करते हैं। राष्ट्रमंडल खेल के बाद मेरे खेल को वह और ज़्यादा पसंद करते हैं। उस खेल आयोजन के बाद उन्होंने कहा था कि मुझे तुम पर नाज़ है। यह सुनना मेरे लिए बड़ी बात थी। गोपी सर से जुड़ी उस प्रदर्शनी के बाद हमलोगों ने एक खेल आयोजन में हिस्सा लिया था जिसमें मैं और आमिर एक टीम में थे और विरोधी टीम में गोपी सर और अपर्णा पोपट शामिल थे। अभी हाल में एक मैच जीतने के बाद अमिताभ बच्चन ने मुझे ट्वीट किया था। एक ऐसे स्टार, जिसकी प्रशंसा करते हुए मैं बड़ी हुई हूं, की ओर से संदेश पाकर मुझे काफ़ी प्रसन्नता हुई। मुझे तब और खुशी होती है जब लोग यह कहते हैं कि सायना तुम नंबर 1 की क्षमता रखती हो। यह बात मुझे और ज़्यादा परिश्रम करने का प्रोत्साहन देती है और मैं अपने लक्ष्य पर ध्यान लगाए रखती हूं।

हमारे देश में खेल बिरादरी और बॉलीवुड के बीच अच्छे संबंध हैं इसीलिए मुझे जो भी संदेश मिलते हैं मैं उनका जवाब ज़रूर देती हूं। खिलाड़ियों और अभिनेताओं में कई सारी समानताएं हैं। हमलोग कड़ी मेहनत और परिश्रम करते हैं। अंतर तो सिर्फ़ जिस तरह की ज़िंदगी जीते हैं, उसी में है। किसी ख़ास कार्यक्रम या फिर विज्ञापन की शूटिंग के वक्त मुझे अभिनेताओं से मिलने का मौका मिलता है जिससे काफ़ी ख़ुशी मिलती है।

बैडमिंटन के अलावा मेरी दिलचस्पी

स्केचिंगः बचपन में मुझे स्केचिंग से काफ़ी लगाव था। ड्रॉइंग कंपीटिशन में मैं एक बार अपने स्कूल का राष्ट्रीय स्तर पर नेतृत्व कर चुकी हूं। अभी भी कभी-कभार मैं स्केचबुक उठाती हूं लेकिन समयाभाव के कारण स्केचिंग पर ज़्यादा ध्यान नहीं दे पाती।

पढ़नाः मैं पढ़ना पसंद करती हूं लेकिन ऐसा जल्दी में ही हो पाता है। फिल्म पत्रिकाओं में *फिल्मफेयर* और *स्टारडस्ट* पढ़ना पसंद है। साथ ही कॉमिक्स किताबों में *टॉम एंड जेरी* हमेशा से पसंद रही है। इसके अलावा खेल, दर्शन, स्वसहायता और योग पर आधारित किताबें भी मैं पढ़ती रहती हूं। ज़्यादातर समय यात्राओं में ही गुज़रता है इसलिए पढ़ने का मौका मिल जाता है। रोज़ का अख़बार पढ़ते वक्त मैं सबसे पहले खेल पेज पर जाती हूं, उसके बाद सुडोकू देखती हूं।

म्यूज़िकः वैसा म्यूज़िक जो आनंददायक हो। मैं अक्सर बॉलीवुड के ताज़ा हिट गानों को सुनती हूं।

फिल्मः मैं बॉलीवुड प्रेमी हूं और नई रिलीज़ फिल्मों को हमेशा देखती हूं। आजकल मैं एकेडमी के साथियों के साथ सिनेमा देखने जाती हूं। पसंदीदा फिल्मों में टॉप पर *दिलवाले दुल्हनिया ले जाएंगे* है। मैं पांच साल की थी जब यह फिल्म रिलीज़ हुई थी। मुझे यह भी याद है कि मेरी चचेरी बहन की शादी में इस फिल्म के गाने बजे थे। बहुत जल्द इसके गाने चारों ओर सुनाई देने लगे। बाद में मैं अबु के साथ यह फिल्म देखने गई और अब तक लगभग सौ बार देख चुकी हूं। आज भी जब न तब इसे मैं देखती रहती हूं। *हम आपके हैं कौन* भी हमारी यादगार फ़िल्म है क्योंकि हिसार में पूरे परिवार के साथ हमने यह फ़िल्म देखी थी। अगर मुझे

ठीक से याद हो तो 1996 में पापा ने अंतिम बार किसी सिनेमा हॉल में फिल्म देखी थी।

गैजेटः मुझे हर समय अपने सेलफोन की ज़रूरत होती है। मेरे पास एक से ज़्यादा फोन हैं लेकिन मैं सबसे ज़्यादा आईफोन का उपयोग करती हूं। इसके अलावा मेरे पास नोकिया एन7, एन8 और लुमिया है। अपने साथ मैं सोनी का हैंडीकैम लिए चलती हूं जिसकी ज़रूरत मेरे खेल विश्लेषक को मैच रिकॉर्ड करने में होती है। मेरा लैपटॉप *मैकबुक एयर* है जिस पर मैं अपने पुराने मैचों को देखती रहती हूं। इससे मुझे अपने प्रदर्शन को सुधारने में मदद मिलती है। मेरे आईपैड में तो बहुत कुछ लोड है जैसे मेरे पसंदीदा गेम फ्रूट निंजा, एंग्री बड्र्स, सूमो रेसलिंग, टेनिस और टॉकिंग टॉम।

ग्यारह

अब मैं ओलंपिक की बात कर रही हूं। कौन ऐसा पुरुष या महिला खिलाड़ी हो जो ओलंपिक जैसे महान आयोजन का हिस्सा नहीं बनना चाहता होगा। खेल प्रतियोगिताओं में इसे सबसे प्रतिष्ठित आयोजन माना जाता है। हम सभी लोगों के लिए ओलंपिक हद से भी ज़्यादा विशेष है और अगर आप उस टीम के एक सदस्य हों जो देश का प्रतिनिधित्व करता हो तो इससे खास तो कुछ हो ही नहीं सकता। हममें से सभी अपने देश के लिए ओलंपिक में खेलना चाहते हैं, मैं भी इस इच्छा से जुदा नहीं हूं। देश की ओर से गए दल में शामिल होना, भारतीय झंडे के पीछे चलना, दुनिया के चुनिंदा उम्दा खिलाड़ियों के साथ ओलंपिक गांव में समय गुज़ारना वाकई बड़ी बात है। इतना कुछ के बाद ओलंपिक में जीत हासिल करना किसी भी खिलाड़ी के लिए सबसे बड़े सम्मान की कामना की बात होती है।

बैडमिंटन टूर्नामेंट में जगह पाने का फैसला वर्ल्ड बैडमिंटन फेडरेशन की ओर से होता है।

शीर्ष के 10 खिलाड़ी इसमें अपनी जगह बनाते हैं जो अलग-अलग देशों का प्रतिनिधित्व करते हैं। हालांकि अगर सभी 10 खिलाड़ी किसी

एक ही देश से हों तो शीर्ष के तीन खिलाड़ियों को ही ओलंपिक में खेल पाने का मौक़ा मिलता है। किसी दूसरे देश का ग्यारहवां खिलाड़ी चौथे स्थान पर खेलने का मौक़ा पाता है।

इसलिए नियम के अनुसार शीर्ष के 15 खिलाड़ियों को मौका मिलता है जिसमें हरेक देश से एक खिलाड़ी होता है। बाकी के खिलाड़ी कोटा के आधार पर आते हैं जिसमें एक देश का एक खिलाड़ी हिस्सा लेता है। इस आधार पर कुल 64 खिलाड़ियों को बैडमिंटन में हिस्सा मिलता है। रैंकिंग 1 मई तक देखी जाती है और तब हमारी योग्यताओं के बारे में बताया जाता है। 1992 तक बैडमिंटन ओलंपिक का हिस्सा नहीं था। इसलिए अब ओलंपिक में खेलना मेरे लिए सौभाग्य की बात हैं।

ओलंपिक गांव में रुकना कहीं स्वर्ग में रुकने जैसा है। सभी लोग जो कुछ न कुछ हैं वहां आपको मिल जाएंगे। गांव के इधर-उधर घूमना काफ़ी आनंददायक होता है क्योंकि आपको मशहूर खिलाड़ी मिलते रहते हैं। यही एक ऐसा आयोजन है जिसमें पता चलता है कि दुनिया में कितने प्रतिभावान खिलाड़ी हैं। हो सकता है कि सभी खिलाड़ियों को लोग न जानते हों लेकिन इसका यह अर्थ नहीं कि उनमें प्रतिभा की कमी है। एक बार घूमने के दौरान ही भारतीय दल की लड़कियों ने मेरा ऑटोग्राफ़ मांगना शुरू कर दिया। यहां हमलोग भारत के लिए कंधे से कंधा मिलाकर खेल रहे थे। उनमें और मुझमें फ़र्क़ सिर्फ़ यही था कि बाहरी दुनिया में लोग मुझे कुछ ज़्यादा जानते थे। यह वाकया मुझे भावुक बना देने वाला था।

जैसा कि पहले मैं बता चुकी हूं, मेरा पहला ओलंपिक 2008 में आयोजित बीजिंग में था। लेकिन ओलंपिक में खेलने का सपना तो तभी से बनना शुरू हो गया था जब मैं 14 साल की थी। साल 2004 ओलंपिक वर्ष था और मैं उस आयोजन में खेलने का दावेदार नहीं थी। हालांकि देश में चलने वाले टूर्नामेंट में मैं अच्छा कर रही

थी। उस साल हैदराबाद में सीनियर नेशनल टूर्नामेंट का आयोजन हुआ था। पूरे शहर में बड़े-बड़े पोस्टर चिपकाए गए थे जिनपर अन्य एथलीटों के साथ मेरा फोटो भी लगा था। पोस्टरों पर लिखा हुआ था—सायना, स्वर्ण के लिए ओलंपिक जाओ। इस बात ने मेरे अंदर जोश भर दिया और मैं ओलंपिक को भावी लक्ष्य मानकर मेहनत करने में लग गई। लेकिन ओलंपिक में प्रवेश पाने के लिए कड़ी मेहनत की दरकार होती है, इसलिए मुझे दमभर मेहनत करने पर पूरा ध्यान केंद्रित करना था। और यही मैंने किया भी।

साल 2008 में मैं ओलंपिक का हिस्सा बनी। हमलोगों के साथ पुरुषों की एकल टीम के खिलाड़ी अनूप श्रीधर और हमारे कोच गोपी सर थे। मुझे उस वक्त यह भी याद था कि ओलंपिक चयन की ख़बर सुनकर मुझे कैसा अनुभव हुआ था। कुछ देर रुककर इसके बारे में सोचने का यह मौका था।

भारतीय दल में अन्य खिलाड़ियों के अलावा मेरे साथ महेश भूपति, सानिया मिर्ज़ा, विजेंदर सिंह, अभिनव बिंद्रा, अखिल कुमार और भी कई खिलाड़ी थे। वहां हमलोग एक साथ खाते और साथ ही घूमने भी निकलते। प्रशिक्षण भी थोड़ा-बहुत साथ ही करते थे। इस दौरान मैं बीजिंग में दस दिन रही और वह दौर वाकई महान था।

वहां कई खिलाड़ी, प्रेस और दर्शकों का हुजूम था। यह किसी बड़ी पार्टी से कम नहीं था। मेरे लिए सबसे अच्छी बात यह रही कि वहां मुझे मेरे हीरो नाडाल और फेडरर मिल गए। उस साल बैडमिंटन टूर्नामेंट 9-17 अगस्त तक आयोजित हुआ। सीधे सेट में मैंने शुरू के दो राउंड जीते। क्वार्टरफाइनल में पहुंचना मेरे लिए बड़ी उपलब्धि थी। लेकिन ओलंपिक का वह क्वार्टरफाइनल हमने जितने मैच खेले थे, उसमें सबसे कठिन रहा था।

जैसा कि मैं पहले बता चुकी हूं, वह मैच मैं इंडोनेशिया की

मारिया क्रिस्टिन युलियांती के हाथों हार गई। उस वक्त तक मैं 15वें स्थान पर थी जबकि मारिया 21वें रैंक पर थीं। पहला सेट लंबा और काफ़ी थकाने वाला था। हम दोनों 21 प्वाइंट से पीछे थे, बाद में मैंने 26-28 से सेट जीत लिया। खेल बहुत थका देने वाला रहा और बाक़ी बचे दो सेट मारिया ने 21-14 और 21-15 से जीत लिया। इससे मैं परेशान हो गई। मुझे लगा वह मैच मैं जीत सकती थी जो मेरे हाथ से निकल गया।

अभिनव बिंद्रा का खेल भी उसी दिन था। कई भारतीय दर्शक उनका मैच देखने के लिए स्टेडियम में इकट्ठा हुए थे। उन्होंने जब स्वर्ण जीता तो कई दर्शक मुझे इस बात की खुशख़बरी देने मेरे पास पहुंचे। मैं बिंद्रा की जीत से बहुत ख़ुश थी लेकिन क्वार्टरफाइनल में अपनी हार मुझे काफ़ी उदास कर रही थी। उस रात मैं सो नहीं पाई। रातभर मैं अपने खेल के बारे में सोचती रही कि कैसे दूसरे ढंग से वह मैच खेल सकती थी। उसके बाद मैं भारत लौट आई। हार के गम से आप खेल से बहुत ज़्यादा दिन दूर नहीं रह सकते। इसलिए अब मुझे अपना प्रशिक्षण फिर से शुरू करना था। यही सब सोचते हुए मैंने लंदन 2012 की तैयारी शुरू कर दी।

साल 2009 में मैं ओलंपिक गोल्ड क्वेस्ट के साथ जुड़ गई। इसे प्रकाश सर और गीत सेठी सर ने स्थापित किया था। क्वेस्ट से ऐसी टीम जुड़ी थी जिसमें लिएंडर पेस, विश्वनाथन आनंद, नीरज बजाज और विरेन रसकिन्हा जैसे दिग्गज खिलाड़ी शामिल थे। इसके अलावा जाने-माने लोगों में नीरज भारद्वाज, राकेश खन्ना, शितिन देसाई, आर रामराज और दीपिका पदुकोण भी इससे जुड़े थे। इतने लोगों की मौजूदगी में यह एक अच्छी शुरुआत थी। इस संगठन का मक़सद उन भारतीय एथलीटों को मदद पहुंचाना था जिनमें ओलंपिक में मेडल जीतने की क्षमता हो। ओलंपिक गोल्ड क्वेस्ट को सरकार की ओर से भी थोड़ी-बहुत मदद मिलती थी जैसे टूर्नामेंट के दौरान

कहीं आने-जाने, रहने-खाने या फिर जिम उपकरणों को लेकर। क्वेस्ट से जुड़ने के कारण हम जैसे खिलाड़ियों पर बहुत फ़र्क़ पड़ा। हमें एक तरह से ठोस मदद मिली। इससे जुड़ कर मैं अगले ओलंपिक की तैयारियों में जोर-शोर से लग गई।

साल 2012 के नए साल का उपलक्ष्य मुझे याद आ रहा है। कोरियन सुपर सीरिज़ प्रीमियम में हिस्सा लेने के लिए मैं दिल्ली-सिओल विमान में सवार थी। यात्रा के दौरान रात के बारह बजते ही मुझे महसूस हुआ कि मैं ओलंपिक वर्ष में प्रवेश कर गई हूं। ऐसा लगा जैसे मैं किसी खास साल में प्रवेश कर गई हूं और मेरे सामने बहुत बड़ा लक्ष्य है। लेकिन इससे पहले मुझे अन्य टूर्नामेंट खेलने थे। साल 2011 मेरे लिए बहुत अच्छा नहीं रहा था और मेरी रैंकिंग कुछ नीचे की ओर सरकती गई थी। इसे देखते हुए मुझे बहुत कुछ करना था और अपने आत्मबल और आत्मविश्वास को मज़बूती देना ज़्यादा ज़रूरी था। सिओल टूर्नामेंट में मुकाबला काफ़ी कांटेदार रहा लेकिन मैंने सेमी में जगह बना ली। हालांकि मैच में मैं चीन की जिआंग यानजिआओ से हार गई।

मलेशियन सुपर सीरीज़ के लिए मैं सिओल से कुआलालंपुर के लिए रवाना हो गई। सेमी में वांग यिहान से भिड़ने के लिए मैंने क्वार्टर-फाइनल में टीने बाउन को हराया। सेमी में मैं यिहान के हाथों हार गई लेकिन इसके लिए उन्हें ज़ोरदार मेहनत करनी पड़ी। उस मैच के बाद यिहान ने कहा कि पिछले मैच की तुलना में मुझ में काफ़ी सुधार आया है। मेरा हमेशा यह प्रयास रहा कि 2011 जैसे प्रदर्शन को मैं फिर से न दोहराऊं। इसके लिए मुझे मानसिक स्तर पर बहुत मज़बूत होने की ज़रूरत थी। द ऑल इंग्लैंड चैंपियनशिप 2012 पर मुझे पूरी तरह से दिलो-दिमाग़ लगाना था लेकिन वह भी मेरे लिए अशुभ साबित हुआ। एक अच्छी बात यह रही कि उसी सप्ताह मुझे स्विस ओपन भी खेलना था। इसमें मैं अपने पिछले साल

की जीत को बचाने में सफल रही। इस जीत से मेरे अंदर विश्वास का संचार हुआ। लेकिन फिर अप्रैल में इंडिया ओपन हार गई जो मेरे लिए एक तरह से बड़ा धक्का साबित हुआ। मन में अलग-थलग होने की भावना लिए मैं हैदराबाद लौट आई लेकिन मन में यह बात हमेशा कौंध रही थी कि कहां चूक हुई। इस पर मुझे आगे सोचना समझना है।

हैदराबाद में गोपी सर ने मुझे आश्वस्त किया कि मुझे हारा हुआ बिल्कुल महसूस नहीं करना है। वज़न भी घट गया था इसलिए मुझे अपने डाइट और खान-पान पर पूरा ध्यान देना था। अगले पांच सप्ताह मैंने प्रशिक्षण और डाइट पर पूरा ध्यान दिया। इसके साथ ही थाई ओपन और उसके बाद के इंडोनेशिया ओपन का लक्ष्य तय कर लिया। इंडोनेशिया ओपन मुझे सबसे ज़्यादा पसंद है और जकार्ता में तो मैच खेलना बहुत प्यारा लगता है। 2009 और 2010 में मैं यह टूर्नामेंट जीत चुकी हूं। 2011 में वांग यिहान के हाथों मैं हार गई थी इसलिए इस बार इसे कब्ज़ाने की कोशिश में जुट गई थी।

सेमीफाइनल मैच मैंने वांग शिज़ियान के ख़िलाफ़ खेला जो कि एक ऐतिहासिक मुकाबला सिद्ध हुआ। मीडिया ने इसे चकनाचूर करने वाला जंग बताया। ऐसा बताने का कारण भी था क्योंकि यह मैच एक घंटा चालीस मिनट तक चला था। तीन सेट खेलने के बाद मैं यह मैच जीत पाई और फाइनल में प्रवेश कर गई। यहां मैंने ली जुएरुई को मात दी जो पिछले पैंतीस खेलों में एक भी मैच नहीं हारी थीं। इस मैच को जीतने के लिए मुझे तीन सेट खेलने पड़े। ओलंपिक का आयोजन जैसे-जैसे नज़दीक आ रहा था मैं अपने को चुस्त-दुरुस्त और विश्वास से ओत-प्रोत बनाना चाह रही थी। इसके लिए मैं किसी मैच के जीतने का आनंद भी लेना चाह रही थी।

ओलंपिक में बैडमिंटन के मैच 25 जुलाई से 5 अगस्त के बीच होने थे। मेरे अलावा जो लोग चुने गए थे उनमें मेन्स सिंगल के

लिए पी कश्यप, वुमेंस डबल्स के लिए ज्वाला गुट्टा और अश्विनी पोनप्पा, साथ ही वी दिजू का नाम ज्वाला के साथ मिक्स्ड डबल्स के लिया तय हुआ था। लंदन रवाना होने से पहले 23 जून तक हमारा प्रशिक्षण कार्यक्रम चला।

लंदन में मैं वेम्बली में ठहरी। यहां ठहरना अपने आप में रोमांचक था। मन में यह भाव भरा था कि हम यहां जीतने के लिए आए हैं तो और भी जोश का संचार पूरे मन-मस्तिष्क में दौड़ने लगा था। यहां पहुंचे हर खिलाड़ी का सपना भी कुछ एक ही जैसा था। रास्ता चलते लोग हाथ हिलाते, प्रशंसक शुभकामना देते। ऐसे में मन में किसी हीरो सा भाव पैदा हो रहा था।

आयोजन का शुभारंभ कार्यक्रम भव्य रहा, लेकिन चूंकि अगले दिन मेरा मैच था इसलिए मैं पासिंग परेड कार्यक्रम में शरीक नहीं हो सकी। लंदन में तैयारियों के दौरान ढाई घंटे जिम में, तीन घंटे कोर्ट पर और तीन घंटे मैं आउटडोर प्रशिक्षण पर समय दे रही थी। इस बार मेरा ध्यान स्वर्ण मेडल पर था जिसके लिए मैं कुछ उतावली सी हो रही थी।

अभी हाल में इंडोनेशिया और थाइलैंड में मैच जीत कर आई थी जिससे मेरा मनोबल काफ़ी ऊंचा था। इसका फायदा मुझे ओलंपिक के क्वार्टर-फाइनल में मिला जहां मैं खुद को आत्मविश्वास से भरी हुई महसूस कर रही थी। पिछले मैच में मैं क्वार्टर-फाइनल में ही हार गई थी, इसलिए इस बार मुझे पूरे जोश से संघर्ष करने का मौका था। इस मैच में टीने बाउन मेरे ख़िलाफ़ थीं, लेकिन मुझे ऐसा लग रहा था कि यह मैच मैं जीत जाऊंगी। मैं सीधे सेटों में यह मैच जीत गई जिससे मुझे काफ़ी राहत महसूस हुई। इसके बाद मुझे सेमी का जंग लड़ना था। मैच वांग यिहान के खिलाफ था लेकिन इसे लेकर मैं किंचित भी परेशान नहीं थी। इस मैच को मैंने चुनौती के रूप में स्वीकार किया जिसे खेलने की हार्दिक अभिलाषा थी।

दुर्भाग्यवश सेमी फाइनल में जीत की जल्दी में मैं कई ग़लती कर बैठी। यिहान की रणनीति भी मेरे ख़िलाफ़ कारगर बैठी। मेरे कई शॉट को यिहान ने छुआ तक नहीं और उसे नेट से बाहर जाने दिया। इस कारण मैं कई प्वाइंट गंवा बैठी। सामान्यतः दो सेट के मैच में ज़्यादा से ज़्यादा तीस से पैंतीस मिनट का समय लगता है, लेकिन इस मैच में मुझे तैंतालिस मिनट तक जूझना पड़ा और 13-21, 13-21 से मैच हार गई। यह हार मेरे लिए बहुत बड़ी क्षति थी क्योंकि इसका मतलब स्वर्ण और रजत से भी हाथ धोना था।

उस वक्त मैं पापा को बहुत याद कर रही थी। इस बार उन्होंने मेरे साथ लंदन आने से मना कर दिया था और अपने संगी-साथियों के साथ टीवी पर ही मैच देखना सही समझा था। यह हार मेरे लिए दिल टूटने जैसा था लेकिन मेरे पास अभी एक और मैच बचा था जिसमें मैं अपनी सारी ऊर्जा और ताकत झोंकने को तैयार हो रही थी।

कांस्य के लिए अंतिम मैच मेरे सामने था और मुझे वांग जिन के ख़िलाफ़ खेलना था। लीड तो मैंने ही लिया लेकिन वह पूरे दम के साथ मुझे वापस कर रही थीं। मैं 20-18 के सेट तक पहुंच चुकी थी। खेल के दौरान मैंने जिन की उखड़ती हुई सांसों को महसूस किया। जब वह अपने जूते का फीता बांध रही थीं तो उनकी हांफती हुई सांसें दूर तक सुनी जा सकती थी। यहां तक कि कोर्ट पर खड़ा होने के दौरान वह लड़खड़ा कर गिर भी गई थीं। इतना कुछ होने के बावजूद मैं उनसे पहला सेट हार गई। लेकिन जिन की हालत को देखकर यह तय था कि वह बहुत देर तक कोर्ट पर नहीं टिक पाएंगी। मैं पुनः पूरे फॉर्म में आ गई और ज़ोरदार शॉट देने लगी। दूसरे सेट के पहले प्वाइंट तक वांग जिन ने मैच छोड़ दिया। जिन की ऐसी स्थिति देखकर मुझे बुरा लगा लेकिन इसमें कोई कुछ कर नहीं सकती थी। मैंने उन्हें गले से लगा लिया और हम दोनों ने साथ

ही कोर्ट छोड़ा। अब कांस्य पदक मेरे नाम हुआ।

मैं ऐसे भी मैच जीत पाऊंगी कभी ऐसा सोचा नहीं था। मेरी तैयारी और इच्छा स्वर्ण जीतने की थी लेकिन हुआ कुछ और। ओलंपिक की यात्रा कांस्य के साथ समाप्त हो गई। हालांकि मेरे प्रशंसकों का सोचना कुछ और था और वे मुझे महज किसी मेडलिस्ट के रूप में देखना चाह रहे थे, किसी ओलंपिक मेडलिस्ट के रूप में।

मैच के बाद जब मैं गोपी सर से मिली तो वह काफ़ी भावुक हो चले। उन्होंने मेरे से कहा–'साइना तुमने मुझे वह चीज़ दी है जिसका ख़्वाब मुझे अरसे से था।' मैंने पापा को फोन किया, वह मेरी जीत से काफ़ी खुश थे। उन्होंने मेरा मैच अपने दोस्तों, सहयोगियों और कुछ मीडिया के लोगों के साथ देखा था।

इस बात को लेकर खुशी थी कि मैं मेडल के साथ घर लौट रही थी। मुझे पूरी दुनिया से वाहवाही मिली। जो भी प्रेम लोगों ने दर्शाया वह दिल को छू जाने वाला था। लोगों की बधाई, शुभकामनाएं और मेरी जीत से उन्हें मिली ख़ुशी ने मुझे आत्मविभोर कर दिया।

यही ख़ास कारण है जो देश के लिए खेलने को प्रोत्साहित करता है। दूसरे शब्दों में कहें तो यह एक आपसी जीत थी जो सबके लिए एक महान मौक़ा साबित हुई। मेरा मेडल मेरे कमरे में लगे कपबोर्ड में रखा हुआ है। यह वज़नी है इसलिए किसी ख़ास मौके पर जब बाहर निकालने के लिए कहा जाता है तभी मैं ऐसा करती हूं।

जब कभी मैं मेडल मिलने के वक्त के कार्यक्रम को देखती हूं तो लंदन में ख़रीदे उस जैकेट को भी ध्यान से देखती हूं जिसका रंग मेरे मेडल से ही मेल खाता है। मेरे जेहन में कांस्य तो उस ख़ास कार्यक्रम के लिए ही बना रहेगा लेकिन स्वर्ण तो अभी भी मेरा सपना है। यह सपना चार सालों तक मेरे दिमाग़ में बना रहेगा जब तक हम रियो में नहीं पहुंच जाते...

अगर आप मुझ से पूछें...

मैं तो यही कहूंगी कि अगर मां-बाप को अपने बच्चों को खेल में डालना है तो उन्हें कम उम्र में ही ऐसा करना चाहिए। खासकर पांच से आंठ साल के बीच में ताकि वह बच्चों की क्षमता को पहचान सकें। बच्चों को खेल में डालने और उनकी रुचि को परखने का सबसे सही उम्र यही होता है। कई शहरों में क्लब और प्रशिक्षण स्कूल हैं जहां खेल की कई सुविधाएं मुहैया कराई जाती हैं। अगर बच्चा खेल में रुचि दिखाता है और वह दक्ष बनने की क्षमता रखता है तो मां-बाप को इसके लिए ज़रूर आगे आना चाहिए। सबसे ज़रूरी खेल के लिए प्रोत्साहन देना और खेल के प्रति अपना प्रेम बनाए रखने में संतुलन कायम करना है। पैसे के बल पर खेल के प्रति प्यार दिखाना किसी भी सूरत में सही नहीं माना जा सकता। प्रशिक्षण के लिहाज से जो सेंटर ज़्यादा व्यस्त हैं उनके पास सिखाने के लिए समय बहुत कम होता है। ऐसे में हमें यह सुनिश्चित करना चाहिए कि बच्चा अमीर हो या गरीब सभी को बराबरी का मौका मिले।

इसके अलावा मां-बाप को उनकी पढ़ाई पर भी विशेष ध्यान देना चाहिए। जितना ज़्यादा संभव हो सके मैं बच्चों को पढ़ने की सलाह दूंगी। खिलाड़ियों के कैरियर की अवधि काफ़ी सीमित होती है, इसलिए उन्हें इस बात पर ध्यान होना चाहिए कि खेल से बाहर होने के बाद कोई अच्छी नौकरी मिल सके।

जो भी खेल में अपना कैरियर बनाना चाहते हों उन्हें भोजन पर विशेष ध्यान देना चाहिए। इसके अलावा प्रशिक्षण की सुविधाओं और उचित खेल सामग्री का भी ख़्याल रखना चाहिए। इन सब में पैसे का ज़्यादा ख़र्च है इसलिए मां-बाप को संसाधनों की कमी

का ध्यान रखते हुए स्पॉन्सरशिप की भी योजना बनानी चाहिए।

अगर सरकार देश के कोने-कोने से प्रतिभाओं को पहचाने, उन्हें उचित प्रशिक्षण दे और खेल का कैरियर समाप्त होने के बाद उनके लिए नौकरी की बंदोबस्त करे तो यह राहत वाली बात होगी। देश में खेल को बढ़ावा देने के लिए जो भी व्यवस्थाएं फिलहाल मौजूद हैं उनमें ज़्यादा से ज़्यादा सुधार की आवश्यकता है। अगर ऐसा हो जाए तो भारत प्रतिभावान खिलाड़ियों की शरणस्थली बन कर उभरेगा।

बारह

एक सवाल मुझ से अक्सर पूछा जाता है और जिस पर मैं ज़्यादा ध्यान भी नहीं देती, वह है कि बैडमिंटन के कैरियर के बाद मैं क्या करूंगी।

सही मायनों में मैंने बहुत आगे के बारे में कभी नहीं सोचा है। अभी तक की ज़िंदगी के आधे समय तक हमने बैडमिंटन खेलते हुए गुज़ारे हैं। आज 22 साल की उम्र में मुझे लगता है कि यह खेल मेरी ज़िंदगी में ऐसे समा चुका है कि उम्र के बाक़ी पड़ाव में इससे अपने को अलग करना मुश्किल होगा। और असल सवाल यह कि मैं आख़िर बैडमिंटन से अपने को अलग क्यों करूं। क्योंकि आज मैं जो कुछ भी हूं इसी खेल के कारण हूं। आज मैं जहां हूं वहां से बाक़ी चीज़ें देखने में आसान लगती हैं। साथ ही इतनी कम उम्र में मैंने जो उपलब्धियां पाई हैं इसी खेल का परिणाम हैं। लेकिन इसके पीछे की कहानी पर गौर करें तो पाएंगे कि ऐसी उपलब्धि बलिदान के बिना शायद ही संभव थी। शुरुआत से ही दिमाग़ में लक्ष्य और टूर्नामेंट में जीत के जज़्बे भरे थे और यह सोच कभी नहीं बदली।

आज की तारीख़ में भी मैं ख़ुद के लिए लक्ष्य तय करती हूं और उसे प्राप्त करने के लिए जो ज़रूरी हो उसे करती हूं। बीते दिनों पर गौर करें तो पता चलेगा कि मेरी सफलता के पीछे कई कारकों का एकमुश्त योगदान है जैसे-मेरे परिवार का समर्थन, मेरे कोच, सही प्रशिक्षण अकादमी तक पहुंच और बैडमिंटन को लेकर मेरा प्यार, साथ ही यह खेल मेरे से क्या चाहता है यह स्वीकार करना। सुबह में जल्दी उठना कोई आसान काम नहीं है और आज के दिन में भी इसके लिए मुझे अलार्म लगाने की ज़रूरत पड़ती है। कभी-कभी तो ऐसा भी लगा कि मैं अलार्म बंद कर अपने को बिस्तर के अंदर और समा लूं। लेकिन ऐसा कभी किया नहीं। सफलता अपने साथ कुछ खास जवाबदेही की भी मांग करती है और मुझे लगता है कि कोई इसके लिए पहले से पूरी तरह तैयार नहीं होता।

मुझे याद है कि मैं शुरुआती दिनों में कैसे अपने खेल पर कड़ी मेहनत करती थी। साल गुज़रते गए और मुझे और चीज़ों की भी ज़रूरत पड़ती गई। बाद में एक वयस्क और खिलाड़ी होने के नाते देश के प्रतिनिधित्व की ज़िम्मेदारी मिली। जिम्मेदारी ऐसी चीज़ है जिससे आप पल्ला नहीं झाड़ सकते। सही में बोलूं तो इतनी बड़ी जवाबदेही ढोना कोई आसान काम नहीं है। हालांकि कभी-कभी ऐसा भी लगता है कि जवाबदेही गर्व का मसला है और जो जैसा हो रहा है उसमें हम बदलाव नहीं कर सकते।

जब बात मेरे बोलने, सोचने के तौर-तरीके और ज़िंदगी के प्रति मेरे नज़रिए की हो तो मैंने यह सब पापा और कोच से सीखा है। आप में से कई लोग ऐसे होंगे जिन्होंने स्कूल और अपने संगी-साथियों से बहुत कुछ सीखा होगा।

मैंने ये सारी चीज़ें अकादमी, कोर्ट और नौ साल की उम्र से बैडमिंटन खेलते हुए सीखा है। इसलिए ज़िंदगी में जो कुछ सीखा

वह सामान्य स्कूल जाने वालों से कुछ अलग ज़रूर था क्योंकि उनका लक्ष्य पढ़ाई-लिखाई के स्तर पर कुछ पाना था।

ज़िंदगी के शुरुआती दौर में बड़े लक्ष्य का सपना पालने का ख़तरा काफ़ी वास्तविक होता है। उस वक्त सफलता और विफलता पर नियंत्रण पाने का समय नहीं होता। कभी-कभी ये दोनों साथ आते हैं, तब बहुत समझदारी से इन्हें संभालना पड़ता है। कितना आसान होता कि इन बातों को यूं ही बिना ज़्यादा सोचे छोड़ दिया जाए, लेकिन मेरे दिमाग़ में हमेशा यह बात होती कि बहुत मेहनत से हमने सफलता पाई है जिसमें क़िस्मत का भी बड़ा योगदान है। खेल में जितना कुछ हमने दांव पर लगाया है उस बात को लेकर भी मैं हमेशा फिक्रमंद रहती। जवान लड़के-लड़कियों के मां-बाप अक्सर मेरे पापा के पास आते और सलाह लेते कि क्या पढ़ाई के बजाय वे अपनी संतानों को खेल में डालें। लेकिन पापा ने हमेशा उनसे ना कहा है। पसंद की बात करें तो पापा यह चाहते रहे हैं कि मैं स्कूल और कॉलेज पूरा करूं। एकेडमिक्स के लिए मैंने भी प्रयास किया लेकिन एक ख़ास वक्त के बाद यह संभव नहीं हो सका। पापा और मुझे यह बात अच्छी तरह जानकारी थी कि यह काम इतना आसान नहीं।

यह बात भी स्वीकार करती हूं कि दुनिया में या देश में मैं सबसे ज़्यादा प्रतिभावान खिलाड़ी नहीं हूं। लेकिन मैंने अपनी प्रतिभा की कमी को मेहनत, जवाबदेही और खेल पर पूरी तरह से ध्यान केंद्रित कर संवारा ज़रूर है। मुझे लगता है ऐसा गठजोड़ कारगर होता है, यह मायने नहीं रखता कि आप ज़िंदगी में क्या करते हैं। मम्मी हमेशा लक्ष्य और सफलता पर ध्यान केंद्रित करने की बात करतीं।

लेकिन अगर आप इस पर ध्यान नहीं भी देते हैं और कुछ वैसा ढूंढ़ते हैं जो आपको सबसे प्यारा हो, उसे पाने के लिए जी-जान लगा देते हैं तो सफल ज़िंदगी का मंत्र यही साबित हो सकता है।

खेल की दुनिया के अपने कुछ संगी-साथियों पर ध्यान देती हूं तो पाती हूं कि अपने देश में खिलाड़ियों को लेकर एक तरह का असंतुलन है। सबका ध्यान क्रिकेट पर होने के कारण इस खेल ने ख़ास जगह बनाई है जिस कारण अन्य खेल पिछड़ रहे हैं। लेकिन इससे इतर बात करें तो हरेक खिलाड़ी का अपना सीमित कैरियर होता है। हमने अपने कैरियर की शुरुआत काफ़ी पहले कर दी, इसलिए सामान्य लोग जब अपने सफलता के पांव जमाना शुरू कर रहे हैं, हमारे संन्यास का समय चला आ रहा है। यह बात भी सच है कि सभी खिलाड़ी इतना पैसा नहीं कमा पाते कि उनकी रिटारमेंट सुरक्षित हो।

अगर खिलाड़ी बहुत ज़्यादा भाग्यशाली रहे तो उन्हें विशेष कोटा के तहत नौकरी मिल जाती है। कुछ लोग नौकरी भी ढूंढ़ते हैं, लेकिन उनके साथ समस्या यह है कि खेल के दौरान हाईस्कूल ही पास कर पाते हैं और उन्हें कॉलेज डिग्री पाने का मौका नहीं मिल पाता। यह देखकर काफ़ी दुख होता है कि ताउम्र कोई कड़ी मेहनत कर देश के लिए खेले लेकिन अंत समय में उसे ज़िंदगी चलाने के लिए इधर-उधर भटकना पड़े। ऐसी परिस्थिति में हम युवा लड़के-लड़कियों के लिए यह कैसे सिद्ध कर सकते हैं कि अगर उनमें क्षमता और प्रतिभा है तो खेल एक सही विकल्प साबित हो सकता है। भारत में खेल से संबंधित अगर कोई चीज़ मुझे सबसे ज़्यादा परेशान करती है तो वह यही बात है। यह बात भी मेरी जानकारी में है कि जितने साल भी मैं खेलूंगी वह सीमित है, लेकिन सौभाग्यवश अभी मेरे पास समय है।

बड़ा सवाल यह है कि भविष्य में क्या होना है। इसके बारे में अभी कोई विचार नहीं है। हां, इतना ज़रूर है कि बैडमिंटन आज मेरी पहचान है, यह मेरे अतीत का सबसे सुखद पहलू है और यही भविष्य भी है जिसके बारे में मैं हमेशा आगे सोचती हूं। अगर एक बार मैं खेलना बंद कर दूं तो कई सारी चीज़ें समाप्त हो जाएंगी। इसमें इंडोर्समेंट और सेलीब्रिटी के नाते मिलने वाले धन, सुख-सुविधाएं शामिल

हैं। इतने कुछ के बावजूद यह पता नहीं कि मुझे ज़िंदगी किधर ले जाएगी। हालांकि इससे मैं भयभीत नहीं होती। अभी मेरे खेल को मेरी बहुत ज़्यादा ज़रूरत है और इस पर मुझे सबसे ज़्यादा ध्यान देना है। अभी तो कई खेल मुझे खेलने हैं और कई मैच जीतने हैं।

ज़िंदगी के बारे में अपना नज़रिया

ख़्वाबों का होना—तरक्की और सृजनशील दिमाग दिखाने वाला सकारात्मक पक्ष

आपके सपने में क्या हो—ख़्वाब को वास्तविकता में बदलने का माद्दा

कड़ी मेहनत और अनुशासन—तरक्की के लिए सबसे ज़्यादा अहम

शिक्षा—खेल के जितना ही महत्वपूर्ण

धन-दौलत—दुर्भाग्यवश, भारत में व्यक्तित्व इसी से तय होता है

प्रसिद्धि और सफलता—यह उनके लिए है जो अपनी मज़बूती पर विश्वास रखते हैं

जीत और हार—दोनों खेल की वास्तविकता हैं

साधारण बने रहना—जो आपके चाहने वाले हैं उनमें समृद्धि और लोकप्रियता लाएगी।

देशभक्ति—हम जिस देश या समाज से संबंध रखते हैं हमारा नैतिक कर्तव्य उसे आदर देना है

चीन के खिलाड़ी—इनमें से कुछ हमलोगों से ज़्यादा चुस्त-दुरुस्त हैं

कोच—इनके बारे में दोहरा स्टैंड नहीं हो सकता, गुरु वो हैं जो सफलता का मार्ग प्रशस्त करते हैं

माता-पिता—हमारी ज़िंदगी में इनका स्थान नंबर एक है

उत्तरदायित्व—कड़ी मेहनत, अनुशासित और लक्ष्य पर ध्यान, सृजनकर्ता में विश्वास, आप भले जिस नाम से उन्हें पुकारते हों, आपकी ज़िम्मेदारी पूरी करने में मददगार होगा।